AF603401

Rôle de Robert.

(Siège de Paris).

LE

SIÉGE DE PARIS,

TRAGÉDIE EN CINQ ACTES,

PAR

M. LE VICOMTE D'ARLINCOURT;

Représentée pour la première fois sur le Théâtre français, le 8 avril 1826.

PARIS,

A. LEROUX ET CONSTANT-CHANTPIE, ÉDITEURS;

BÉCHET AINÉ, LIBRAIRE,

PALAIS-ROYAL, GALERIES DE BOIS, N°s 263 — 264.

1826

Tous les exemplaires qui ne porteraient point comme ci-dessous le timbre de l'auteur seront regardés comme contrefaits et saisis comme tels.

IMPRIMERIE DE HUZARD-COURCIER,
rue du Jardinet, n° 12.

AVANT-PROPOS

DE L'ÉDITEUR.

Il est dans la destinée de M. le vicomte d'Arlincourt de voir constamment ses succès et sa réputation s'accroître et se consolider au milieu des orages soulevés contre lui par la malveillance et l'envie. Aucune tragédie ne fut attaquée à une première représentation avec plus de rage et de démence que *le Siége de Paris;* et pourtant aucune tragédie ne fut plus applaudie aux représentations suivantes. Un des grands journaux de la capitale s'exprimait ainsi à ce sujet, le 17 avril dernier.

« Jamais tragédie attaquée avec une injustice et une » partialité aussi révoltante n'eut un succès pareil à » celui qu'obtient à chaque représentation *le Siége* » *de Paris*, de M. le vicomte d'Arlincourt. Le men- » songe, l'ironie amère, l'épigramme, le ridicule, si » funeste en France, tout a été mis vainement en » usage.... Le public se rend en foule au Théâtre- » Français, et chaque jour ne fait qu'accroître le » nombre de ceux qui lui rendent justice.

» Les trois plus grands reproches adressés à M. le » vicomte d'Arlincourt (a dit un autre journal, le » 18 avril) sont : 1° d'avoir divisé l'intérêt de sa tra- » gédie sur trois personnes ; 2° d'avoir fondé l'action » sur des faits qui n'ont rien d'historique ; 3° de n'a- » voir pas conservé à ses héros les caractères qu'ils » ont eus réellement.

» Ces reproches ne nous paraissent pas parfaite- » ment fondés. 1° Dans *le Siége de Paris*, dit-on, » l'on s'intéresse à trois personnes; mais dans toutes » les tragédies des grands maîtres il en est de même. » La tragédie d'*Andromaque* offre quatre personnes » qui captivent également l'attention du spectateur, » Pyrrhus, Andromaque, Hermione et Oreste. Dans » *Iphigénie*, on s'intéresse à Agamemnon, à Clytem- » nestre, à Achille et à Iphigénie. Dans *Mahomet*, » on s'intéresse à Mahomet, à Zopire, à Séide, à Pal- » mire. Dans *les Horaces*, on s'intéresse aux Horaces, » aux Curiaces, à Sabine et à Camille. Il n'est pas » un seul grand ouvrage dramatique où l'intérêt ne » se porte sur au moins trois personnages. Comment » a-t-on pu faire raisonnablement un pareil reproche » à M. d'Arlincourt!

» 2° Son sujet n'est pas historique. Mais dans *Ma-* » *homet* qu'y a-t-il d'historique, hors le nom princi- » pal de l'ouvrage? Séide, Palmire et leurs malheurs

» sont d'invention. *Zaïre* est un roman d'un bout à
» l'autre. *Alzire* n'a rien d'historique. *Bajazet*, *Héraclius*, *Rodogune*, *Sémiramis*, *Adelaïde du Guesclin*, *l'Orphelin de la Chine*, et bien d'autres
» chefs-d'œuvre encore, sont tous sortis de l'imagination de leurs auteurs : et l'on ne veut pas que
» M. d'Arlincourt se permette ce qu'ont fait les
» grands modèles?

» 3° Le caractère d'Eudes ou Odon n'était pas
» aussi beau que celui que M. d'Arlincourt a donné
» à son comte de Paris. Mais les maîtres de la scène
» ne se sont pas astreints à présenter les héros anciens absolument tels qu'ils étaient. Le Gengis-Kan amoureux et magnanime, de Voltaire, n'est
» nullement le soldat féroce et sanguinaire de l'histoire. Le galant Hippolyte,... etc. Mais à quoi bon
» multiplier les citations? Les trois reproches faits à
» M. d'Arlincourt ne méritaient pas une aussi longue
» réfutation.

» Loin de moi l'idée, en faisant ces rapprochemens, de comparer M. d'Arlincourt à nos immortels auteurs : sa tragédie n'est rien moins que parfaite; mais on en a rendu compte sur la première
» représentation, qui, comme on le sait, a été tellement orageuse qu'on n'a pu rien écouter. Il a donc
» été jugé sans avoir été entendu, et de pareils juge-

» mens sont nuls. Qu'on aille maintenant revoir *le* » *Siége de Paris*, et les avis changeront.

» Les dernières représentations de cette tragédie » avaient attiré un monde immense [1]. Les beaux vers » qu'elle renferme ont été vivement applaudis; on » y trouve des situations éminemment dramati- » ques, etc. »

A chaque représentation, Messieurs les acteurs de la Comédie-Française, mieux pénétrés de leurs rôles, jouent avec plus de talent et d'ensemble. M. le vicomte d'Arlincourt leur doit une partie de ses succès, et ne saurait trop leur en adresser ses remercîmens. Mlle Duchesnois, admirable dans le rôle de Berthe, y déploie toutes les ressources de son rare talent, et y excite un véritable enthousiasme. M. Lafon est superbe dans le personnage d'Odon; c'est sans contredit un des rôles où il produit le plus d'effet sur le public. M. Joanny a souvent mérité de vifs applaudissemens dans le rôle d'Ordamant. M. Firmin enlève tous les suffrages par la chaleur entraînante de son jeu dans le personnage d'Osvin; et M. Victor fait valoir autant que possible le rôle ingrat de Théobal. La mise en scène, due aux soins éclairés

---

[1] S. A. R MADAME, duchesse de Berry, a honoré deux fois de sa présence les premières représentations du *Siége de Paris*.

de M. le baron de Taylor, est extrêmement remarquable.

Avant la première représentation, les détracteurs de M. d'Arlincourt disaient : « Il réussira, il a acheté » toute la salle; » mais celui dont ils parlaient ainsi avait dédaigné d'employer les moyens de succès dont se servent ses rivaux : et tous ses ennemis étaient en force dans la salle; aussi ont-ils donné sans obstacle un libre essor à leur furie. Cette preuve visible du désir qu'a M. d'Arlincourt de ne jamais devoir un seul de ses succès au charlatanisme et à l'intrigue, n'a cependant point fait taire l'envie. Les mêmes attaques, les mêmes injures, les mêmes calomnies se répètent chaque jour contre lui, et M. le vicomte d'Arlincourt n'y oppose qu'une conduite toujours pure, et qu'un silence toujours éloquent.

Toutes les feuilles publiques, à l'exception de trois ou quatre, se sont déchaînées avec fureur contre *le Siége de Paris*. On s'est indigné, dans le monde, depuis le brillant succès de la pièce, de leurs inconcevables articles; mais, il faut l'avouer, ils étaient excusables à un certain point. Ces aristarques sévères, entourés, lors de la première représentation de l'ouvrage, des folles clameurs d'une opposition épouvantable, n'ont pu saisir la marche de l'action, n'ont pu suivre ni le plan ni les situations, n'ont pu même écouter ni les vers ni les scènes au milieu du tumulte de la salle, et ont par conséquent jugé sans avoir entendu. Sans doute, dans le silence du cabinet, en lisant à tête reposée la tragédie de M. d'Arlincourt, ils reviendront de leur première opinion, et se feront un noble devoir de réparer une erreur.

La tragédie de M. le vicomte d'Arlincourt est imprimée telle qu'elle a été jouée pour la première fois. Depuis, l'auteur s'est vu forcé d'en faire disparaître quelques vers : ce sont ceux que nous avons marqués par des astérisques. Le lecteur jugera si on a bien ou mal fait de les supprimer ; quelquefois peut-être il se demandera avec surprise pourquoi et comment on a pu les blâmer !... Nous n'avons rien à répondre à cet égard, si ce n'est qu'on pourra les rétablir au théâtre quand on le voudra.

Nous recevons à l'instant une lettre assez singulière ; nous la donnons ici à nos lecteurs pour terminer cet avant-propos.

MONSIEUR L'ÉDITEUR,

J'habite un faubourg écarté de Paris, loin du bruit et du monde ; je vis étranger à toutes les discussions politiques et littéraires qui occupent les salons de la capitale, et je règle constamment mon opinion sur les journaux, que j'ai la satisfaction de recevoir. Naturellement indolent, j'aime peu à agir par moi-même; et lorsqu'il s'agit d'un travail quelconque, il m'est agréable de trouver la besogne faite. Or, juger étant une fatigue, je me garde bien de juger; je me contente de puiser tous les matins dans mon journal, les opinions qu'il me faut pour ma journée, et le lendemain je recommence : j'évite ainsi toute application d'esprit, et je décide de tout, sans réfléchir sur rien. Comme je ne puis douter que les feuilles publiques n'aient un jugement infaillible sur toutes choses, je prends leur avis, je l'adopte, et je passe tranquillement toutes les heures de ma semaine entre les gazettes du matin et les journaux du soir. Qu'on blâme cette méthode, peu m'importe; elle est facile et douce : et que peut-on faire de mieux ici-bas que de vivre le plus commodément possible!

M. le vicomte d'Arlincourt vient de faire paraître une tragédie; elle fait du bruit; j'ai lu les articles littéraires qui ont paru à son sujet; et, je suis forcé de vous l'avouer, j'y ai vu clairement qu'elle était détestable : je voudrais pouvoir penser autrement, mais je ne change jamais mes habitudes, et je suis conséquemment de l'avis des aristarques qui la condamnent.

Cependant, Monsieur, je dois aussi en convenir, il est des choses qui m'ont étonné dans les récits de mes journaux; j'ai voulu aller voir jouer la tragédie en question, et j'y ai souvent trouvé tout le contraire de ce que j'y attendais. Les feuilles publiques, qui, comme on le sait, sont toujours impartiales, ne m'ont jamais trompé; comment se fait-il que la pièce condamnée par les juges quotidiens ne ressemble en rien à celle dont ils m'ont parlé? M. d'Arlincourt en a-t-il refait une autre depuis la première représentation, en conservant seulement le titre et les noms de la première? ou bien étais-je sous l'influence de quelque sortilége lorsque je me rendis dernièrement au Théâtre-Français? Soyez assez bon pour fixer mes idées à ce sujet.

Ne croyez pas, malgré ce que je viens de vous dire, que je trouve le *Siége de Paris* (tel qu'il s'est offert à moi) un bon ouvrage. Loin de moi l'audacieuse pensée de heurter ainsi de front l'opinion de feuilles respectables. Non, la pièce est mauvaise, elle doit être mauvaise, elle ne peut être que très mauvaise ; on a eu raison de le dire ouvertement, mais on a eu tort de ne pas le prouver évidemment.

On m'avait annoncé que la tragédie de M. d'Arlincourt était constamment sifflée, et la salle absolument déserte ; j'ai vu, à toutes les représentations où j'ai assisté, la tragédie vivement applaudie et la salle toute pleine. On m'avait soutenu que l'ouvrage n'offrait aucun intérêt ; j'ai remarqué que pendant les cinq actes l'auditoire était constamment ému. On m'avait assuré que le plan était obscur ; j'ai trouvé le plan d'une clarté parfaite. On m'avait certifié que les assassins de Thierri demeuraient inconnus ; Ordamant les fait connaître à la deuxième scène du cinquième acte. On m'avait dit que tous les vers étaient renversés ; je n'ai pu découvrir une seule inversion. Tout cela ne prouve pas, sans doute, que la pièce attaquée ait du mérite ; elle n'en a aucun, je dois le croire ; le fait est constaté dans tous les feuilletons littéraires. « *C'est l'erreur d'un excellent citoyen* », a écrit un aristarque distingué. Je veux bien croire à l'*excellence* du *citoyen*, bien qu'elle n'ait aucun rapport à l'affaire ; mais quant à l'*erreur,* si je me permettais une opinion, je dirais que ce mot eût pu être mieux placé. Encore une fois, mon journal a eu des distractions quand il a écrit son article : le fond de sa pensée est juste, mais la forme de son arrêt est blâmable, si pourtant j'ose m'exprimer ainsi.

Revenons au sujet de la nouvelle tragédie. D'après ce que j'avais lu dans les gazettes, je m'attendais à voir une héroïne dans les fers, mourant de faim, et s'écriant avec douleur :

Mon pauvre père, hélas! seul à manger m'apporte.

L'appétit de ce pauvre père mangeant la porte d'une prison, m'eût singulièrement amusé. Quel a été mon désappointement! point d'héroïne dans les fers! point de porte à dévorer! point de situation à laquelle puisse convenir le vers cité! et je viens d'apprendre que cette plaisanterie a été faite il y a quelque douzaine d'années, sur une tragédie de M. *Le Mierre*.

Poursuivons. J'avais appris par cœur d'autres vers de la pièce ; on m'avait particulièrement désigné ceux-ci comme ayant été sifflés à la première représentation :

» Mystérieux par goût, sauvage par système,
» Mon cœur est un abîme, et mon âme un problème.
. . . .
» Voilà ces chevaliers que l'on nomme les preux! (*lepreux.*)
. . . .
» On l'appelle à régner (1) (*araignée*).
. . . .
» Ton nom connu te perd, ton inconnu te sauve.
. . . .
» Rien sur ses plans secrets ne peut être éclairci.
. . . .
» J'habite la montagne, et j'aime à la vallée... (*à l'avaler*).

(1) C'est un vieux jeu de mots fait sur ce vers du grand Corneille

» Et c'est ne régner pas qu'être deux à régner.

» Enfoncé dans le crime, on n'en saurait surgir.

. . . .

» Pour chasser loin des murs les farouches Normands,
» Le roi Louis s'avance avec *vingt mille francs*.

et beaucoup d'autres dans ce genre ; j'ai acquis la certitude qu'ils n'ont jamais été dans l'ouvrage : est-il une seule personne raisonnable qui ait pu le penser ?

Que signifie tout cela ? mon journal a-t-il voulu tromper ses lecteurs ? Non ; il ne saurait être de mauvaise foi. En veut-il à M. d'Arlincourt ? Non ; il est incapable d'animosité. A-t-il été induit en erreur ? Non ; il ne se laisse jamais égarer. Toutes ces contradictions me tournent la tête ; je m'y perds ; mes idées se brouillent. Donnez-moi, je vous prie, *le mot de l'énigme*.

J'ai l'honneur d'être, en attendant votre réponse,

Monsieur l'Éditeur,

Votre très humble serviteur,

BONACIO JOURNALIN.

Paris, 24 avril 1826.

NOTICE HISTORIQUE.

L'ÉPOQUE où est placée l'action de cette tragédie est tellement obscure et confuse, que le poëte dramatique y pouvait donner à son gré une libre carrière à son imagination. D'épaisses ténèbres couvrent le neuvième siècle; et il n'est de véritablement certain, parmi tout ce qui a été écrit sur le *Siége de Paris par les Normands*, que quelques faits principaux, qui n'ont point été altérés.

Après la mort de Louis-le-Bègue, en 879, Louis et Carloman, ses deux fils, régnèrent sur la France. Ces deux frères furent célèbres par leur amitié l'un pour l'autre, et vécurent tendrement unis jusqu'en 882. Alors mourut Louis, âgé de 22 ans, et Carloman son frère devint seul roi de France. Son règne fut court; il défit deux fois les Normands, et se montra prince guerrier; mais il périt à la chasse en 884, blessé, disent les uns, par un sanglier; tué, disent les autres, par le javelot d'un chasseur maladroit; assassiné, d'après quelques écrivains, par un des traîtres de sa cour.

Ici commence la confusion dans les récits de l'histoire; on ne sait point au juste si Carloman eut des enfans; son mariage même est une question restée indécise. Le fait est, qu'après sa mort eut lieu le fameux *siége de Paris;* on ne dit point si, dans les murs de la place assiégée, quelque fantôme de roi eut une existence éphémère. Tout ce qu'on peut certifier, c'est qu'Odon ou Eudes, après avoir sauvé la capitale, fut proclamé roi de France.

Eudes était fils du fameux Robert-le-Fort. Quelques historiens le font descendre de Childebrand, frère de Charles-Martel, et d'Adélaïde, fille de Louis-le-Débonnaire; ce qui légitime son élévation au trône. Il n'eut point de fils; Hugues-le-Grand, son neveu, fut père de Hugues-Capet, chef de l'auguste maison régnante.

Au résumé, dans la tragédie du *Siége de Paris*, les principaux faits historiques du temps ont été conservés : la mort de Carloman, les soupçons qui planèrent sur la tête d'Odon à ce sujet, ses droits au diadème, la valeur d'un jeune guerrier qui, seul à une des portes de Paris, arrêta 6000 barbares avec son bouclier et son épée; tout le récit du cinquième acte, les hauts faits d'Osvin et une partie des malheurs d'Ordamant, sont tirés des chroniques et des récits du temps. Il est beaucoup de tragédies, tant anciennes que modernes, qui sont moins historiques; il en est même quelques-unes, parmi les plus célèbres, qui sont en contradiction ouverte avec les événemens constatés par l'histoire; et il en est quelques autres, parmi les chefs-d'œuvre de la scène française, qui sont entièrement d'imagination.

LE

SIÉGE DE PARIS.

PERSONNAGES.

	ACTEURS.
	MM.
ODON ou EUDES, Comte de Paris.	LAFON.
OSVIN, Chevalier français.	FIRMIN.
THÉOBAL, prince du sang royal.	VICTOR.
ORDAMANT, chef des Normands, assiégeant Paris.	JOANNY.
UDARIN, doyen des Chevaliers français.	SAINT-AULAIRE.
TOREL, ami d'Ordamant.	DUMILATRE.
BERTHE, veuve du dernier roi de France, Carloman.	Mlle DUCHESNOIS.
GARDES ET CHEVALIERS.	

LE
SIÉGE DE PARIS.

ACTE PREMIER.

Le Théâtre représente un vieux salon d'armes du palais, à Paris.

SCÈNE PREMIÈRE.

UDARIN, OSVIN, GARDES.

UDARIN.

ENFIN luit sur Lutèce un rayon d'espérance,
Le Ciel est apaisé, Dieu veille sur la France.
Hier, devant ton glaive, ont fui les ennemis;
Gloire au jeune Osvin!

OSVIN.

Gloire... au comte de Paris!
Sa nouvelle victoire est un nouveau prodige.
Auprès du chef des preux, faible guerrier, que suis-je!
Ah! lui seul des combats a changé le destin;
Lorsqu'Odon combattait, qui remarquait Osvin!

UDARIN.

Qui? tout un peuple entier! Lorsque, couvrant la Seine,
Sept cents nefs débarquaient les Normands sur la plaine,

Osvin ! n'est-ce point toi dont l'intrépidité
Sauva l'immortel fort du pont de la Cité !
Seul, et pendant une heure, aux portes de Lutèce,
N'est-ce point encor toi, puissance vengeresse,
Qui, fermant le passage aux assiégeans vainqueurs,
De six mille Normands arrêtas les fureurs !
Osvin ! hier encor, sur la plaine guerrière,
Où vit-on la victoire ?..... où flottait ta bannière.
Mais de l'armée au loin j'entends les cris joyeux.

OSVIN, avec douleur.

On nommera ces cris « élan séditieux. »

UDARIN.

Que dis-tu !

OSVIN.

Notre Odon, l'orgueil de la patrie,
Par ses faits merveilleux a trop armé l'envie.
Sur cette terre, hélas ! quel danger qu'un grand nom !
Rappelle-toi Robert, l'ami du noble Odon !
Ce fut ici jadis l'élu de la victoire :
Un poignard l'atteignit.... il expia sa gloire.

UDARIN.

Tu croirais ?....

OSVIN.

Sur Odon je veille, et je le doi ;
C'est un sauveur pour vous, c'est un père pour moi.

Quand sous nos murs, jadis, du dernier roi de France
Le fer d'un inconnu termina l'existence,
Des ennemis d'Odon qu'essaya la fureur?
Du soupçon sur sa tête ils jetèrent l'horreur.
Aujourd'hui que font-ils? «Le comte, osent-ils dire,
» Des maires du palais veut rétablir l'empire.
» Comme eux il compte un jour, foulant aux pieds les lois,
» A son gré couronner ou déposer les Rois,
» Et ramener le temps où Lutèce plaintive
» Voyait le trône esclave et la pourpre captive,
» Alors qu'insolemment sur un char triomphal
» Le roi-maire exposait le fantôme royal.
» Thierri, le fils de Berthe, ajoutent-ils encore,
» Faible et souffrant, se meurt, à peine en son aurore;
» De sa race avec lui va s'éteindre le nom,
» Qu'il cesse d'exister, le monarque est Odon.»

UDARIN.

Théobal....

OSVIN.

Théobal, à la mort de son maître,
Aurait des droits au trône, il les a fait connaître.
De Lothaire il descend: mais héros fortuné,
Qu'Odon dise un seul mot, Odon est couronné.
Il ne le dira point, non; guerrier magnanime,
Il respecte, il défend tout pouvoir légitime;

De Théobal pour lui le droit sera sacré :
N'importe, vil rival, à la haine livré,
Théobal constamment cherche à noircir sa vie.
Sur la reine il peut tout.

UDARIN.

Le père d'Azélie !

OSVIN.

Azélie ! Ah! pourquoi prononces-tu ce nom !
Tu sais trop que l'amour peut troubler ma raison,
Qu'à l'objet de ses feux l'orphelin a su plaire,
Que j'adore la fille et que je hais le père.
Mais laissons ce sujet. Au camp du roi Normand
Hier a reparu le terrible Ordamant.
Long-temps loin de Lutèce il porta sa furie.
Ce héros......

UDARIN.

Est-il vrai qu'il t'ait sauvé la vie?

OSVIN.

Hélas ! un sort fatal, sur ces bords illustrés.....
Mais la reine vers nous s'avance.

Il s'éloigne.

SCÈNE II.

OSVIN, BERTHE, UDARIN, GARDES.

BERTHE, à Osvin.

Demeurez.
Jeune héros français, qu'éleva la victoire!
Vos succès....

OSVIN.

Ah! madame, Odon, couvert de gloire,
Aux camps, seul de Lutèce hier fut le sauveur,
Je n'ai fait qu'assister aux exploits du vainqueur.

BERTHE.

Digne chef de l'armée, Odon s'est fait connaître.
Mais l'élève aujourd'hui marche l'égal du maître.
Au printemps de vos jours, ah! soyez désormais
L'égide du monarque et l'espoir des Français!
Régente, en ces momens de guerre et de vengeances,
Où mon fils, étendu sur le lit des souffrances,
Laisse tomber le sceptre et succombe à ses maux,
J'ai besoin d'un soutien, je veux plus qu'un héros.
Auprès du trône, hélas! trop rapproché peut-être,
Un guerrier protecteur devient souvent un maître :
A ses vœux point de terme, à ses yeux nul péril;
Soldat, il a monté; chef, s'arrêtera-t-il!

Ce n'est point vous, Osvin, qui, funeste génie,
Pourriez ainsi tromper le prince et la patrie :
J'ai pu juger votre âme, et, sous ces murs guerriers,
Je vous élève au rang de comte de Poitiers.

OSVIN, s'inclinant.

Reine !

BERTHE.

Votre naissance est pour vous un mystère,
Eh bien, à l'orphelin je veux servir de mère.

UDARIN.

Vous ! défendez Paris : son péril s'est accru ;
L'implacable Ordamant à sa troupe est rendu.

OSVIN.

Et qu'importe quel brave aux camps normands se rende !
Qu'ont à craindre les Francs lorsqu'Odon les commande !
Espérez tout du chef qui dirige nos pas.

BERTHE.

J'espère tout d'Osvin.

OSVIN.

Arbitre des combats,
Notre héros seul....

BERTHE.

Seul ! vous outragez la France :
Parmi nos défenseurs, tous égaux en vaillance,

Ne doit-on voir qu'Odon? N'avons-nous qu'un héros?
L'élite des Français marche sous ses drapeaux.
Souvent d'une victoire, à grand bruit proclamée,
L'honneur revient au chef et n'est dû qu'à l'armée.

OSVIN.

Contre Odon, je le vois, la calomnie....

BERTHE.

Osvin!
Songez à l'ennemi qu'un funeste destin
A ramené vers nous aux plaines de Lutèce!

UDARIN.

Autant que sa valeur redoutez son adresse.
Ordamant, chef barbare, invincible guerrier,
Osant tout entreprendre, aime à tout défier.
Mystérieux, farouche, aventureux, terrible,
A son audace extrême il n'est rien d'impossible.
Oui, craignez....

OSVIN.

Quoi! toujours craindre ce fier normand!
N'entendrai-je jamais que ce nom d'Ordamant!
Il s'est offert à moi, ce fils de la Neustrie.

BERTHE.

A vous!

OSVIN.

Hier lui-même il m'a sauvé la vie.

BERTHE.

Qu'entends-je !

OSVIN

Loin des miens, sur la plaine égaré,
De Normands tout à coup je me vois entouré.
Reine, j'allais périr !... Ordamant se présente.
« — Arrêtez ! a-t-il dit à sa troupe vaillante ;
» C'est du dieu des combats un des plus nobles fils.
» Respect à tout héros, quel que soit son pays !
Puis mon libérateur auprès de moi s'avance :
» — Chevalier ! reprend-il, tu me dois l'existence.
» Quitte ce champ d'honneur, retourne vers Odon ;
» Tu n'es point prisonnier. »

BERTHE, troublée.

Savait-il votre nom ?

OSVIN.

Oui, cet étrange adieu, de sa bouche, avec peine,
S'échappa lentement : « — Osvin ! dis à la reine....
» Dis-lui bien qu'Ordamant a conservé tes jours. »
Mais quel trouble !...

BERTHE.

Il a pu vous tenir ce discours !
Et ses traits ?...

OSVIN.

Je n'ai pu distinguer son visage.
Son aspect imposant est sinistre et sauvage.
Ses traits étaient couverts de poussière et de sang,
Et tout défigurés....

BERTHE.

Soutiens-moi, Dieu puissant!

(Plus calme.)

Au conseil des guerriers, comte, allez prendre place.

Osvin sort.

SCÈNE III.

BERTHE, UDARIN.

BERTHE, avec accablement, suivant Osvin des yeux.

Du moins ce n'est pas lui que sa fureur menace!
Osvin, Dieu te protège. Et ta mère en ces lieux
N'ose avouer pour fils le plus noble des preux!

UDARIN.

Sa mère! elle vivrait!

BERTHE.

Vous pourriez la connaître.

UDARIN.

Il n'est point orphelin ?

BERTHE.

Plût au ciel qu'il pût l'être!

UDARIN.

Quoi! posséder pour fils un héros vertueux,
Et n'en pas hautement rendre grâces aux cieux!
Quand la ville des rois d'Osvin se glorifie,
Inconnue en ces lieux, sa mère le renie!
Osvin la voit pour lui morte à tout sentiment,
Lui qui sut attendrir jusqu'au cœur d'Ordamant!

BERTHE.

Toujours ce nom fatal!.....

UDARIN.

Ah! bientôt, je l'espère,
Le nom tant redouté de ce chef téméraire
Cessera pour jamais d'alarmer vos esprits;
Devant l'émule heureux du comte de Paris,
Sous le glaive vengeur, ce Scandinave.....

BERTHE, avec épouvante.

Arrête!
Malheureux! penses-tu que le Ciel le permette!....
Le fer sanglant d'Osvin levé sur Ordamant!....
Crime affreux!

UDARIN.

Quel langage! En quel étonnement!...

BERTHE.

C'en est trop! il est temps de rompre le silence.
Noble ami de mon père! appui de mon enfance!
Oui, je dois confier mes malheurs à ta foi.
Par tes sages conseils, vieillard, éclaire-moi.
Au monarque français avant d'être enchaînée,
Apprends que sous les lois d'un premier hyménée,
Ici même, en secret, je fus mère.... d'Osvin.

UDARIN.

Vous, madame!.... et son père?

BERTHE.

O funeste destin!
Oserai-je achever!.... Sur des plages lointaines,
Son père.... Ah! tout mon sang se glace dans mes veines.
Quel nom à prononcer!.... frappé d'égarement....
Tu vas frémir, son père....

UDARIN.

Eh bien....

BERTHE.

Est Ordamant.

UDARIN.

Un soldat étranger!

BERTHE.

Il est Français.

UDARIN.

O crime !

BERTHE.

Et te rappelles-tu ce héros magnanime
Frère d'armes d'Odon, l'orgueil de son pays?

UDARIN.

Quoi! l'illustre Robert!....

BERTHE.

Est chef des ennemis.

UDARIN.

Se pourrait-il! Robert conserva l'existence!
Le croirai-je! il vivrait et trahirait la France!
Infidèle à son nom, parjure à ses sermens,
L'honneur des paladins!.... dans le camp des Normands

BERTHE.

Fille d'un suzerain qu'illustra la victoire,
Je naquis, tu le sais, sur les bords de la Loire.
Douée en mon printemps de funestes attraits,
Hélas! j'avais su plaire au monarque français;
Et sur le trône un jour me voulant voir assise,
Egmont, comte de Tours, au Roi m'avait promise

Alors brillant de gloire, et de lauriers couvert,
Apparut à mes yeux le trop fameux Robert.
Sur son front mâle et fier rayonnait sa puissance;
Paris le surnommait l'Achille de la France.
Le plus beau des mortels, le plus grand des guerriers,
Tombait à mes genoux, le front ceint de lauriers...
L'avouerai-je, Udarin! par l'amour entraînée,
A Robert, en secret, j'unis ma destinée:
Un fils combla nos vœux, et d'Osvin, près de Tours,
Pendant cinq ans entiers je surveillai les jours,
Tandis qu'auprès du Roi, mon époux et mon père
Signalaient dans les camps leur vaillance guerrière.
Mais la paix est signée. Egmont a tout appris;
Il a maudit sa fille, il m'enlève mon fils,
Et j'apprends que Robert, exilé de la France,
Sous un glaive homicide a perdu l'existence.
Le monarque vainqueur réclame encor ma main:
Que j'accepte le trône! Egmont me rend Osvin;
Me pardonne.... et, pourvu qu'on taise sa naissance,
De mon fils à Lutèce il élève l'enfance.
Pouvais-je balancer? non: l'amour maternel
A Carloman me livre et m'entraîne à l'autel.
Je fus Reine, Udarin. Bientôt mourut mon père.
Thierri naquit; et seul, sous les yeux de sa mère,
A l'enfant inconnu tu prodiguas tes soins.
Mes jours sans être heureux coulaient en paix du moins:

Lorsqu'un soldat farouche, un monstre sanguinaire,
Un Normand, nouveau chef, porte en France la guerre.
Tout frémit à son nom : devant ses pas tout fuit :
La vengeance le guide et la terreur le suit.
Carloman cherche en vain à défendre nos terres,
L'implacable Ordamant immole mes deux frères :
Notre armée est détruite.... Il marche sur Paris.
J'habitais ce palais, j'y veillais sur mes fils;
Jusqu'à moi, tout à coup, un inconnu pénètre :
Il approche.... l'horreur a glacé tout mon être !
Sa visière se lève.... et Robert m'apparaît.
Mais ce n'est plus le chef que la France adorait;
Ce n'est plus de Paris le héros intrépide;
C'est un autre Attila. « — Tremble, épouse homicide ! »
Je m'élance vers lui : « — Robert, au nom du Ciel !...
» — Je ne suis plus Robert, » interrompt le cruel.
» D'un guerrier noble et pur tu fis trancher la vie,
» Il n'est plus : vois le chef de l'armée ennemie !
» En moi plus de vertus; pour moi plus de liens :
» Malheur à Carloman ! malheur à tous les tiens !
» Malheur au fils des rois ! haine à la France entière ! »
Il disparut.

UDARIN.

Alors sur la plaine guerrière
Odon victorieux sauva Paris et vous.

BERTHE.

Oui; mais soudain un traître immole mon époux.
Ce traître...

UDARIN.

Vous sauriez qui frappa la victime?

BERTHE.

Immoler tous les miens fut le serment du crime.

UDARIN.

Quoi, Robert!...

BERTHE.

A sa cour, le monarque normand,
En ces jours désastreux rappelant Ordamant,
Vers d'autres ennemis dirigea sa vaillance :
Et la paix quelque temps fut rendue à la France.
Hélas! elle a cessé; le chef a reparu.
O terreur! Sur Thierri son fer est suspendu.
* Indomptable, féroce, en tous lieux il pénètre;
* Il fait ce qu'il veut faire, il est ce qu'il veut être.
Grand Dieu! sauvez mon fils.

UDARIN.

La garde de Thierri...

BERTHE.

Ah! par sa garde même il peut être trahi.

UDARIN.

Non. Du palais des rois l'abord inaccessible....

BERTHE.

Au terrible transfuge est-il rien d'impossible!
Depuis long-temps, crois-moi, sous ces murs investis
Le perfide entretient des agens ennemis.
Il est un chevalier qu'en ces lieux je redoute;
Évitant mes regards, il observe, il écoute,
Il se tait; c'est Torel. Ah! contre nous s'armant,
S'il appelait ici!...

UDARIN.

Qui, madame?

BERTHE.

Ordamant.

UDARIN.

Ah! pourriez-vous le croire! une aussi noire trame....

BERTHE.

J'aperçois Théobal. Que me veut-il?

SCÈNE IV.

THÉOBAL, UDARIN, BERTHE.

THÉOBAL.

Madame,
On accuse à l'instant de haute trahison
Le premier de nos chefs, le valeureux Odon.

UDARIN.

Lui, forfaire à l'honneur! Odon trahir son maître!

THÉOBAL.

Devant vous, au conseil, il devra comparaître.
Reine, vous jugerez.

BERTHE.

Quel crime a-t-il commis?

THÉOBAL.

Revenu des combats, aux portes de Paris,
Odon, victorieux, haranguait son armée.
Ivre de ses succès, fier de sa renommée,
Il enflamme des siens l'enthousiasme ardent.
D'un héros orateur que ne peut l'ascendant!
Saluant à grands cris le sauveur de Lutèce,
Le peuple à nos guerriers se mêle avec ivresse,

Et bientôt ces clameurs parviennent jusqu'à moi :
« *Vive le chef des Francs! vive Odon, notre roi!*

BERTHE.

Quoi! dans Paris!

THÉOBAL.

Odon, que la foule environne,
Voit sur son front soudain tomber une couronne;
Et l'idole des preux, sur le pavois monté,
Jusques à son palais en triomphe est porté.

BERTHE, accablée.

Juste ciel!

THÉOBAL.

Au conseil hâtez-vous de paraître.
Ce jour dévoilera plus d'un crime peut-être.
Il faut un coup d'État, et le peuple l'attend.

BERTHE.

Mais l'armée?...

THÉOBAL.

A ma voix elle est rentrée au camp.
Déjà le repentir a saisi les rebelles.
Nos soldats à l'honneur demeureront fidèles.
A leur tête, ce soir, Osvin secrètement
Commande une sortie, et fond sur Ordamant.

BERTHE, avec effroi.

Lui! ce soir!...

(Plus calme, après quelque silence.)

Il suffit.

Théobal sort.

SCÈNE V.

BERTHE, UDARIN.

BERTHE, entièrement troublée.

Le ciel nous abandonne.
La trahison me suit, le crime m'environne;
C'en est fait! je le sens, plus de salut pour moi.
Vieillard! je suis perdue..... Odon traître à son roi!
Ordamant sur Thierri levant l'arme sanglante!
Hors de Paris la mort! dans Paris l'épouvante!
Et mon fils, ce soir même, Osvin, au champ d'honneur,
Prêt à frapper son père!

UDARIN.

O reine! la douleur.....
Semble.....

BERTHE, avec égarement.

A mon désespoir laisse-moi tout entière!
Toi! parricide! Osvin!..... Non: que ma voix t'éclaire.

Je préviendrai ce crime, il le faut, je le doi;
Je cours...

(S'arrêtant et comme en délire.)

Qui me retient?... Si là... seul, devant moi,
Se présentait soudain le génie homicide!
Ah! si Thierri tombait au pouvoir du perfide!...
Quelle pensée!... où suis-je!... où fuir l'aspect affreux!..
Udarin! es-tu là? réponds.

UDARIN.

Au nom des cieux!
Contenez ces transports! calmez ce trouble extrême!

BERTHE, revenant à elle et s'appuyant sur lui.

C'est toi, noble vieillard. Sauve-moi de moi-même.

UDARIN.

Le conseil vous attend. Venez!

BERTHE.

Je ne le puis.

UDARIN.

Pour vos fils, il le faut.

BERTHE.

Pour mes fils!... Je te suis.

FIN DU PREMIER ACTE.

ACTE II.

SCENE I.

UDARIN, THÉOBAL.

THÉOBAL.

Pour se justifier, Odon n'eut qu'à paraître.
Il triomphe, Udarin.

UDARIN.

Qui peut le croire un traître!

THÉOBAL.

Qui? moi. Le faux éclat qui l'entoure en ces lieux
Ne trompe point mes sens, n'éblouit point mes yeux.
* En ses pompeux discours où brille son génie,
* Paris voit la grandeur, j'y vois l'hypocrisie.
* Tremble! ô peuple que charme un soldat souverain!
* Qui te flatte aujourd'hui t'asservira demain.

UDARIN.

* Odon!

THÉOBAL.

* Lutèce en vain avec orgueil le nomme;
* Le courage, lui seul, ne fait point le grand homme.
* Va! malheur aux Français s'il monte au premier rang!
* A travers le héros j'aperçois le tyran.

Ton élève, au conseil, sous les yeux de la reine,
Osait nommer son chef le héros de la Seine.
Admirateur fougueux, éloquent défenseur,
Il le représentait comme un astre sauveur.
Berthe, calme parfois, parfois d'horreur frappée,
Du jeune orphelin seul paraissait occupée.
Pour qu'Odon fût sans tache à son œil prévenu
Il a suffi qu'Osvin ici l'ait défendu.
Une mère à son fils montre un amour moins tendre.

(Observant Udarin.)

La reine adopte Osvin; et l'on ose répandre
Que né d'un sang royal... Vous vous troublez.

UDARIN.

Seigneur!
Vous croiriez?.....

THÉOBAL.

Je sais tout. Certaine de ton cœur,
La régente t'a dû révéler ce mystère.
Osvin est fils de Berthe, et Robert est son père.
Du comte Egmont de Tours j'ai connu les secrets.
Sa fille était promise au monarque français.
Il immola Robert.

UDARIN.

Egmont commit ce crime!

THÉOBAL.

Caché sous sa visière, en frappant sa victime,

« *Meurs, traître!* lui dit-il. *Berthe a guidé mes coups:*
» *Ta mort l'élève au trône.* »

UDARIN.

O Robert!

THÉOBAL.

Loin de nous,
De l'immortel Robert repose en paix la cendre;
Mais son fils le remplace, Osvin nous l'a su rendre;
Et peut-être qu'un jour, couronné, tout-puissant......

UDARIN.

Lui! couronné!

THÉOBAL.

Thierri vers le tombeau descend.
A sa mort, tu le sais, j'ai droit au rang suprême.
J'adopte Osvin : son front ceindra le diadème.
Il adore ma fille, il recevra sa main.

UDARIN.

Et vous renonceriez au sceptre souverain?

THÉOBAL.

A ta foi je me fie; en mon cœur tu vas lire.
Parlons sans feinte. Odon à la couronne aspire;
Il a pour lui l'armée; et quels que soient mes droits,
Qu'il veuille gouverner, tout pliera sous ses lois.

Osvin seul, dont la gloire illustre la jeunesse,
Admiré des soldats, adoré de Lutèce,
Et rattachant mes droits au pouvoir de son nom,
Peut seul en ce palais l'emporter sur Odon.
Du chef superbe, alors, tombera l'arrogance ;
Sans obstacle, à mes lois je soumettrai la France.
Osvin sera mon fils, je serai son appui ;
Il règnera par moi, je règnerai sur lui.
Aide-moi dans mes plans, tu l'élevas, il t'aime...
Le voici.

UDARIN.

Gardez-vous de lui parler vous-même.
Seigneur, en ce moment, Osvin, ardent ami,
Vous croyant de son chef le mortel ennemi,
Furieux contre vous, est tout à la vengeance.

THÉOBAL.

Laisse-nous.

Udarin sort.

SCÈNE II.

OSVIN, THÉOBAL.

THÉOBAL.

Au conseil brilla votre éloquence.
L'appui d'Osvin....

OSVIN.

Odon n'a nul besoin d'appui;
Sa vie et ses vertus parlent assez pour lui.

THÉOBAL.

Ses ennemis puissans et que l'armée honore
Sont nombreux.

OSVIN.

Ses hauts faits le sont bien plus encore.

THÉOBAL.

Le temps a démasqué plus d'un ambitieux.
Le ciel punit le traître.

OSVIN, *vivement et à demi-voix.*

Ah! craignez donc les cieux.

THÉOBAL.

Que vous connaissez mal le père d'Azélie!
Comte! du chef des preux j'étudiai la vie :
Qui de vous ou de moi doit mieux juger son cœur?
Vous êtes son ami.

OSVIN, *avec courroux.*

Vous son accusateur.

THÉOBAL.

Et c'est à moi qu'Osvin adresse cette offense!
A moi, qui le premier recueillis son enfance!

Quel prix des soins passés! Comte! jusqu'à ce jour
D'un père ici pour vous j'ai conservé l'amour.
Faut-il vous le prouver? Ma fille vous est chère :
Plusieurs princes puissans aspirent à lui plaire;
Eh bien! votre valeur, vos faits, votre renom,
Jusqu'à votre éloquence en défendant Odon,
Tout élève à mes yeux l'enfant de la victoire;
Tout d'un auguste hymen vous mérite la gloire.
Oui, secondez mes plans, et ma fille est à vous.

OSVIN, avec un mouvement de joie.

Moi, l'époux d'Azélie!

THÉOBAL.

Odon marche vers nous.

SCÈNE III.

ODON, OSVIN, THÉOBAL, BERTHE, TOREL,
CHEVALIERS ET GARDES.

ODON à Osvin.

Image de Robert! des preux noble espérance,
Ah! pourrais-je oublier ta touchante éloquence?

OSVIN.

Eh! l'orphelin peut-il oublier tes bienfaits?

BERTHE.

* Et la France peut-elle oublier vos succès? (1)
* Des assiégés ce soir dirigez la sortie,
* Sous votre ordre est l'armée.

(A Osvin.)

* Osvin! je vous confie
* La garde du palais.

ODON à Osvin.

Sois digne d'un tel choix....
Quel dépôt plus sacré que la garde des rois!
La reine entre tes mains met le sort de la France.
(A Théobal.)
Prince, sur nos remparts veillez en mon absence.
Songez que parmi nous, ici l'honneur français
Enjoint l'oubli des torts, l'union et la paix;
Que nuls débats jaloux, nulle fureur rivale,
Ne nuisent au salut de la ville royale.

---

(1) Au Théâtre Français, la reine ne paraît point dans cette scène, elle entre au moment où Odon sort avec ses troupes, et elle arrête Osvin. Les vers marqués par des astérisques ont été ainsi remplacés :

TOREL à Odon.

Et la France peut-elle oublier vos succès?

ODON.

Des assiégés ce soir dirigeant la sortie,
Je vais combattre...... (*A Osvin.*)
Osvin! la reine te confie
La garde du palais : sois digne d'un tel choix....

Trop long-temps m'attaqua l'injuste inimitié :
J'ai tout vu, j'ai tout su, mais j'ai tout oublié.
Guidés vers un seul but, qu'un seul vœu nous rallie :
« *Sauver la capitale, affranchir la patrie.* »
En ce jour décisif, en ces grands intérêts,
Qui peut penser à soi cesse d'être Français.
Triomphons des Normands. Puis si l'aveugle haine
A la vengeance encor contre moi vous entraîne,
Le champ clos est ouvert aux rivaux ennemis ;
Vous saurez où trouver le comte de Paris.

(A Torel.)

Vous, Torel! approchez. Un bruit affreux s'élève.
On vous accuse....

TOREL.

Moi !

ODON.

Permettez que j'achève.
On dit que d'Ordamant vous servez la fureur,
Que des rapports secrets entre vous....

TOREL.

Moi, Seigneur !
Vous croiriez que, souillant et ma vie et ma gloire ?....

ODON, lui tendant la main.

Vous tendrais-je la main si j'avais pu le croire ?

TOREL.

Tant de bontés....

ODON.

Torel! un Français, un guerrier,
D'un des siens, sans rougir, ne peut se défier.
Retournons aux combats. Paris n'a point de traître.
(A la reine.)
Non loin du mont de Mars, reine[1], ce soir, peut-être,
Aux camps, j'achèverai de me justifier.
Que l'ami de Robert soit connu tout entier!
Par le crime usurpé, tout royal diadème
Au front du conquérant n'empreint que l'anathème:
Des princes loin de moi le bandeau révéré!
Je vécus en soldat, en soldat je mourrai.
(A ses guerriers.)
Compagnons! sous les murs de la ville immortelle
Ordamant nous attend, la gloire nous appelle.
* Charlemagne et ses preux mirent l'Europe aux fers;
* Ils virent à leurs pieds les rois de l'univers.
* Prouvons qu'un même sang a coulé dans nos veines.
* Chez nous plus d'étrangers, entre nous plus de haines.
Charlemagne vainquit pour asservir les rois:
Combien sont plus sacrés notre cause et nos droits!

---

(1) Au Théâtre, au lieu de *reine*, on a mis *guerriers*.

Que cherchait ce héros? que veut notre vaillance?
Lui, quelques vains lauriers : nous, notre indépendance,
Affranchir notre sol, consolider nos lois,
Soutenir notre trône et défendre nos rois,
Enfans de la victoire! oui, voilà l'espérance,
La gloire, le salut et les vœux de la France.
Marchons.

Il sort suivi de tous ses guerriers.

SCÈNE IV.

BERTHE, OSVIN.

BERTHE, retenant Osvin.

Vous! demeurez. La garde du palais
Confiée à vos soins.... Que vois-je! sur vos traits
La douleur est empreinte; et devant votre reine
Quel trouble...!

OSVIN, accablé.

Ils vont combattre aux rives de la Seine,
Et seul je manquerais au poste du danger!
De lauriers immortels leurs fronts vont se charger,
Ils vont à leurs drapeaux enchaîner la victoire,
Et je me vois ravir une part dans leur gloire!

Quoi! lorsqu'on nommera les sauveurs de l'État,
On pourra dire : « *Osvin n'était point au combat!* »
Reine! il faut près du prince un chef prudent et sage :
La garde du palais convient-elle à mon âge?
Où puis-je m'illustrer si ce n'est près d'Odon?
Je n'ai point de parens, j'ignore mon vrai nom;
Pour moi la gloire est tout : je dois à sa puissance
Un nom, une famille, un titre, une existence,
Plus encor, vos bontés.

BERTHE, avec douleur.

Ainsi donc, fils des preux!
La gloire du soldat est la seule à vos yeux!

OSVIN, vivement.

Le clairon belliqueux au loin se fait entendre....
O Lutèce! ô mon prince! Osvin court te défendre,
Il le doit....

BERTHE, le retenant.

Arrêtez!

OSVIN.

Pourquoi me retenir?
Ah! ne me forcez point à vous désobéir.

BERTHE, avec force.

Téméraire! arrêtez!

OSVIN.

La trompette résonne,
Je pars.

BERTHE, d'un ton solennel.

Restez ! le ciel par ma voix vous l'ordonne.

OSVIN, surpris.

Quel accent !....

BERTHE, de même.

Pour Osvin, la gloire au champ d'honneur
Peut devenir le crime....

OSVIN.

Achevez ! ô terreur !

BERTHE.

Un mot encor !.... J'éteins votre vaillante audace.

OSVIN.

Quel effroi m'a saisi ! quelle sombre menace !

BERTHE.

Il m'y force !....

OSVIN.

Parlez !

BERTHE.

Il le faut. Je frémis !

OSVIN.

Eh bien?

BERTHE.

Si, combattant les guerriers ennemis,
Vous plongiez, sous ces murs, un glaive sanguinaire
Dans le sein.....

OSVIN.

Poursuivez : de qui?

BERTHE.

De votre père!

OSVIN.

De mon père!.... il vivrait! l'ai-je bien entendu!
Ennemi de Lutèce, un soldat inconnu,
Un farouche étranger m'aurait donné la vie!
La France, Dieu cruel! n'est donc plus ma patrie!
(Après quelque silence et avec désespoir.)
Perdre le nom de preux! craindre le champ d'honneur!
D'un chevalier français n'avoir plus que le cœur!
Moi repoussé d'ici! moi fils des Scandinaves!
Et je vivrais!.... Madame! au milieu de nos braves,
A l'instant, par pitié, laissez-moi retourner!
Que je trouve, aux combats, la mort!... sans la donner.
Que je ne tombe point sur la rive étrangère!
C'est là mon dernier vœu, ma dernière prière.
Osvin ne veut plus vivre, Osvin n'est plus Français.

BERTHE.

Dieu!

OSVIN.

Nommez-moi mon père!

BERTHE.

Ah, tremblez!....

OSVIN.

Désormais
Quel coup peut m'accabler! quel malheur puis-je attendre!
Sans effroi maintenant je pourrai tout entendre!
Ne me repousse point, ô France!.... réponds-moi!
Puis-je être un étranger? ma vie était à toi.

BERTHE.

En un climat lointain n'est point né votre père.
Son berceau fut Paris. Son nom, je dois le taire.
Lui-même, ici, jadis illustra son pays.

OSVIN.

Lui, Madame!.... et, transfuge, il assiége Paris?

BERTHE.

Au camp des ennemis l'entraîna la vengeance.

OSVIN, avec désespoir.

Mon père! un fils des preux! armé contre la France!
Hélas! et je croyais que les destins jaloux

Avaient sur l'orphelin épuisé leur courroux!
Dieu juste! ai-je à ce point mérité ta colère!
Quoi! c'est pour le haïr que je retrouve un père!
Normand, son nom du moins eût pu m'être sacré,
Mais Français!....

BERTHE.

C'est lui seul qu'il a déshonoré.
Son fils est sans reproche.

OSVIN.

O reine! à ma prière
Ne vous refusez point. Son nom?

BERTHE.

Et votre mère!
Vous ne m'en parlez pas!

OSVIN.

Vit-elle?.... espoir flatteur!
Ah! quelque joie encor fait donc battre mon cœur!
Que de maux effacés si ma mère me reste!

BERTHE, avec tendresse et douleur.

Je vous en servirai. Plaignez son sort funeste.
Elle n'est plus... pour vous; j'adoptai l'orphelin.
Je tiendrai lieu de mère au malheureux Osvin.
Adieu! que votre sort reste encore un mystère.
Comte! n'oubliez pas qu'égide tutélaire,
Vous répondez du roi : conservez-moi mon fils.

SCÈNE V.

THÉOBAL, BERTHE, OSVIN, GARDES.

THÉOBAL.

Madame! un envoyé du camp des ennemis,
Aux chefs du grand conseil demande une audience.

BERTHE.

Tous ont quitté ces murs. Vous, prince! en leur absence
Répondez en leur nom : vous les remplacez tous.
Que l'envoyé normand paraisse devant vous.

Théobal donne un ordre aux Gardes.

(A Osvin.) *(A tous deux.)*
Confiance et courage. Il entre, je vous laisse.

SCÈNE VI.

THÉOBAL, OSVIN, L'ENVOYÉ.

THÉOBAL *à l'envoyé.*

Noble chef! approchez.

L'ENVOYÉ.

Vaillans fils de Lutèce!
Bien qu'un rayon d'espoir ait pu luire à vos yeux,

Les destins ont trahi votre attente et vos vœux.
Quelques assauts encore, et la ville sacrée
Du rang qu'elle occupa tombe déshonorée.
Paris a vu périr l'élite de ses preux.
Délaissés de la terre et rejetés des cieux,
Vous êtes sans appui, sans soldats, sans puissance,
Qu'ose espérer Lutèce? il lui manque la France.
La Gaule tout entière a subi notre loi :
Que reste-t-il aux preux?

OSVIN.

Dieu, l'honneur et le roi.

L'ENVOYÉ.

Sans vivres, sans secours, sans or, sans territoire,
Qui pourrait vous sauver?

OSVIN.

L'audace et la victoire.

L'ENVOYÉ.

De l'avenir pour vous le voile est obscurci.
Votre espérance?

OSVIN, la main sur son glaive.

Est là.

L'ENVOYÉ.

Vos forces?

OSVIN, la main sur son cœur.

Sont ici.

L'ENVOYÉ, saisissant vivement la main d'Osvin.

Bien. Je te reconnais, noble Osvin.

THÉOBAL, surpris.

Que veut dire?.....

L'ENVOYÉ, avec dignité.

Partout où je rencontre un brave, je l'admire.
Scandinave ou Français, vassal ou suzerain,
Qu'un héros s'offre à moi, j'aime à serrer sa main.

OSVIN, avec surprise.

Vous connaissiez mon nom?

L'ENVOYÉ.

Je connais votre vie.

THÉOBAL.

Inutiles discours. L'arrogante Neustrie
Offre-t-elle la paix? Député parmi nous,
Que voulez-vous?

L'ENVOYÉ.

Je veux.... sauver Lutèce et vous.

THÉOBAL.

Quels traités?

L'ENVOYÉ, avec dédain.

Des traités! y pouvez-vous prétendre?

(Avec force.)

Je viens, chefs et soldats ! vous sommer de vous rendre.

OSVIN, furieux.

Nous rendre !.... nous !

L'ENVOYÉ.

Paris ne peut plus résister.

THÉOBAL, indigné.

Un chevalier français ne peut plus t'écouter.
Sors d'ici !

L'ENVOYÉ.

D'Ordamant redoutez la furie.

THÉOBAL, avec emportement.

Sors d'ici !

L'ENVOYÉ irrité, d'une voix sourde et concentrée.

Sous trois jours, pour vous plus de patrie !
La prise de Paris effraiera l'univers.
Vos toits incendiés, et vos remparts déserts....

THÉOBAL.

Étranger ! il suffit. Qu'entre nous Dieu prononce !
La victoire ou *la mort*, voilà notre réponse.

Il sort.

SCÈNE VII.

OSVIN, L'ENVOYÉ.

OSVIN, prêt à sortir.

Vous avez entendu, seigneur.

L'ENVOYÉ, le retenant.

Jeune guerrier !
Arrête ! un mot encor.... peut-être le dernier.
Osvin !....

OSVIN.

Que me veux-tu ?

L'ENVOYÉ, avec émotion, le tirant à part, et à voix basse.

Ton destin m'intéresse.
Je voudrais te sauver. Écoute.... le temps presse.
Sache que les tiens même, ici, trompent leur roi !
La foudre est sur ta tête, Osvin.

OSVIN, avec une fureur comprimée.

Retire-toi !

L'ENVOYÉ.

Ces refus insenses, cette réponse altière....

OSVIN.

Je ne t'écoute plus.

L'ENVOYE.

Malheur à cette terre!
Français! pour tout un peuple es-tu donc sans pitié!
A l'orgueil de ses grands Paris sacrifié,
Verra-t-il tous ses fils frappés d'un noir vertige,
Sous le fer des bourreaux!....

OSVIN, furieux.

Retire-toi! te dis-je.

L'ENVOYÉ.

Sache....

OSVIN.

Non.

L'ENVOYÉ.

Réponds-moi. Si dès demain....

OSVIN.

Demain
Osvin te répondra les armes à la main.
Du cruel Ordamant, va....

L'ENVOYÉ.

Cruel! quel langage!
Et c'est Osvin qui parle!....

OSVIN.

Hélas! guerrier sauvage,

Effroi des nations, fléau dévastateur,
De l'Europe indignée Ordamant est l'horreur.
J'estime ses hauts faits, j'admire sa vaillance;
Mais l'aimer!.... le pourrais-je? il ravagea la France.
Ma patrie avant tout. Généreux une fois,
A ma reconnaissance il a de justes droits;
Mais pour lui cependant en mon cœur....

L'ENVOYÉ, avec amertume.

Est la haine.
Je reconnais en toi l'élève de la reine.
(Plus calme, après quelque silence.)
Va! d'Ordamant un jour tu sauras juger mieux.

OSVIN, vivement.

Ah! puisse-t-il jamais ne s'offrir à mes yeux!
Hélas! je sens, par lui, que la reconnaissance
Peut comme un poids affreux peser sur l'existence.
Sans trahir mes devoirs, oh! que ne puis-je un jour
Dans les camps envers lui m'acquitter à mon tour!
Puis, libre du penser qui troubla tout mon être,
Le combattre, le vaincre.....

L'ENVOYÉ.

Et l'immoler peut-être.
Te faudrait-il son sang! tes vœux seront remplis.
Jeune guerrier! tu hais le chef des ennemis?

Eh bien! venge les tiens. Ce fléau redoutable,
D'un pays malheureux vainqueur impitoyable,
Celui dont le nom seul porte en tous lieux l'effroi,
Le cruel Ordamant.... lui-même est devant toi.

OSVIN.

Sous un nom déguisé, vous ici, sans défense!
Quel peut être ton but? Quelle est ton espérance?
Sort funeste!

ORDAMANT.

Pourquoi te plaindre des destins?
Ordamant s'est livré : sa vie est en tes mains.
Quelle gloire nouvelle à ton nom réservée!
Frappe! l'ennemi tombe.... et Lutèce est sauvée.

OSVIN.

Grand Dieu! qu'ose-t-il dire! effroyable moment!
Moi forfaire à l'honneur en frappant Ordamant!
Cruel! qui t'engageait à te faire connaître!
Quels que soient tes desseins, qui que tu puisses être,
Le nom d'ambassadeur est sacré parmi nous.
Rejoins tes chefs normands! fuis.

ORDAMANT.

Armés contre vous,
Tous nos valeureux chefs ne sont point Scandinaves.
(Observant Osvin.)
Un chevalier français est au rang de nos braves.

OSVIN, douloureusement.

(Se rapprochant d'Ordamant.)

Je ne le sais que trop. Pardon, noble étranger!
Si ma voix sur cet homme ose t'interroger!
Quelque traître qu'il fût, sur la plage ennemie,
Je ne pourrais, sans crime, attenter à sa vie.

ORDAMANT.

Et pourquoi?

OSVIN.

Mes secrets ne te concernent pas.

ORDAMANT, ému.

Tu l'aimerais?

OSVIN.

Quel nom lui donnent tes soldats?

ORDAMANT.

Le nom de ses aïeux n'est plus celui qu'il porte.

OSVIN.

Les Normands l'aiment?

ORDAMANT.

Oui.

OSVIN.

L'estiment?

ORDAMANT, *d'un ton farouche.*

Que t'importe !

OSVIN.

* Est-il heureux ?

ORDAMANT.

* Quel homme est né pour le bonheur !
* Jadis parmi les tiens a brillé sa valeur.

OSVIN.

* Et l'ingrat put trahir son prince et sa patrie !

ORDAMANT.

* Oui, je connais son nom, ses secrets et sa vie.
* Mais je ne puis parler [1].

OSVIN.

Ses secrets !.... Je frémis !
Étranger ! saurais-tu ?....

ORDAMANT.

Tout. Osvin est son fils.
N'approfondis jamais cet horrible mystère.
Tu plains ta destinée !.... Ah ! plutôt, plains ton père !

---

[1] Au Théâtre, après

Que t'importe !

Ordamant ajoute :

Oui je connais son nom, ses secrets....

OSVIN.

... Je frémis !

Toi ! tu n'as point quitté le sentier de l'honneur :
Le cœur qui resta pur connaît-il le malheur !
Il n'est de vrais tourmens qu'où le remords pénètre.

OSVIN.

Qui connaît le remords aux vertus peut renaître.

ORDAMANT, d'une voix sombre.

Aux vertus ! lui !.... jamais.

OSVIN.

* Qui l'a donc écarté
* Des chemins du devoir ?....

ORDAMANT.

* Qui ? la fatalité.
* Tout ce que les destins ont de plus effroyable,
* Osvin, il le subit.

OSVIN.

* En est-il moins coupable !

ORDAMANT.

* Il en est.... plus à plaindre.

OSVIN.

Et parfois, dis-le-moi,
Songe-t-il à son fils ?

ORDAMANT, avec tendresse.

Il ne songe qu'à toi.

Dans son cœur criminel, farouche, sanguinaire,
Une seule vertu reste encore.... il est père.

OSVIN, troublé.

Cessons cet entretien; je le sens, je le voi,
Plus de paix, ici-bas, plus de bonheur pour moi.
Gardes!

(Les gardes se présentent, Torel est à leur tête.)

Que sous ces murs, hors de la forteresse,
Ce chef soit reconduit aux portes de Lutèce!

(A Ordamant, à part.)

Adieu! tu vois souvent ce guerrier.... ce Français,
De son malheureux fils ne lui parle jamais.

Il sort entièrement troublé.

SCÈNE VIII.

ORDAMANT, TOREL, GARDES.

ORDAMANT, prêt à sortir, apercevant Torel.

Torel!.... se pourrait-il!

TOREL, à voix basse.

Silence! ils nous entendent.

ORDAMANT.

Et tu vas me conduire?

TOREL.

Où nos chefs vous attendent.

ORDAMANT.

Tout serait-il prêt?

TOREL.

Tout.

ORDAMANT.

Eh quoi! vos bataillons?....

TOREL.

Sont armés.

ORDAMANT.

Que faut-il?

TOREL.

Votre signal.

ORDAMANT.

Partons.

FIN DU DEUXIÈME ACTE.

ACTE TROISIÈME.

Le Théâtre représente le jardin qui entoure la demeure royale, c'est le bois sacré des anciens prêtres de Mars; on y voit quelques débris de leurs monumens. D'un côté est le pavillon du palais de Thierri; au milieu une enceinte druidique, avec des trophées d'armes. De l'autre côté, à gauche, est le portail d'une chapelle gothique.

Il est nuit. La lune, qui n'est point vue, éclaire le Théâtre.

SCÈNE PREMIÈRE.

OSVIN, seul, sortant du palais.

OSVIN.

Tout dort dans le palais!.... Quelle terreur me suit!
Cache Osvin à lui-même, ô voile de la nuit!
Un seul mot a flétri mon existence entière:
Dieu juste! était-ce au fils à maudire le père!....
Où dérober ma honte! où céler mon effroi!
Dignités, gloire, amour, tout est fini pour moi.
Odon rentre vainqueur parmi ses frères d'armes;
J'entends leurs cris de joie, et, seul, versant des larmes,
Flétri dans le passé, flétri dans l'avenir,
Du triomphe des miens je ne sais plus jouir.
Et pourtant dans mon cœur je pressentais la gloire!
J'enchaînais la fortune, au bonheur j'osais croire!
Qu'un jour a tout changé!....

THÉOBAL, accourant précipitamment suivi de ses gardes.

Quel bruit horrible!.... Osvin!
A l'instant immolé par un lâche assassin,
Le roi....

OSVIN, épouvanté.

Que dites-vous?

THÉOBAL.

Voici la reine!

SCÈNE II.

THÉOBAL, OSVIN, LA REINE.

Elle sort du pavillon précipitamment et dans le plus grand désordre. Ses femmes la suivent.

BERTHE, hors d'elle-même.

O crime!
Mon fils!.... là, dans son sang, des meurtriers victime!...

OSVIN.

Eh quoi! Thierri?...

BERTHE.

N'est plus.

OSVIN.

Le prince!

BERTHE.

Assassiné.
Cher Thierri! près de moi!... monarque infortuné!
Vengez! vengez sa mort!

(Elle tombe sur un banc.)

OSVIN, aux femmes de Berthe.

Veillez sur votre reine.

(Il s'élance dans le pavillon.)

BERTHE, éperdue.

Où porte-t-il ses pas! Restez!.... Qu'on le retienne!

(A Théobal.)

Le même fer.... Cherchez, poursuivez l'assassin!
Exercez cette nuit le pouvoir souverain.
Commandez en mon nom.

THÉOBAL.

Sous les murs de la place
Déjà l'ordre est donné. Du crime on suit la trace.
Vous m'avez confié votre pouvoir vengeur;
Comptez sur moi. Croyez....

BERTHE.

Je ne crois qu'au malheur.

(Se levant d'un air égaré.)

Quelle effroyable nuit! quels sinistres ombrages!

(S'agenouillant près de la chapelle.)

O mon Dieu! prends pitié!....

THÉOBAL.

Quittez ces sombres plages.

(Montrant la chapelle.)

Au pied des saints autels, là, sous ces vieux parvis,
Dieu vous rendra la paix.

BERTHE.

Me rendra-t-il mon fils!

(Elle entre avec ses femmes dans la chapelle.)

THÉOBAL, un instant seul.

Osvin gardait ces murs!... Thierri meurt sous le glaive!..
Le comte de Paris dirige son élève!...

(Il éloigne ses gardes d'un signe, puis s'approchant d'Osvin qui entre.)

Vous êtes arrêté.

SCÈNE III.

THÉOBAL, OSVIN, GARDES.

OSVIN, saisi d'étonnement.

Moi!

THÉOBAL.

Pour garder Thierri,
Seul, par ordre d'Odon, vous commandiez ici.
Ce meurtre lui promet la pourpre souveraine.
Un fanatique amour à son char vous enchaîne.

Notre roi, sous vos yeux, tombe percé de coups;
Si le traître est Odon, le complice c'est vous.

OSVIN.

Ma surprise a cessé : Théobal, mes yeux s'ouvrent.
Votre vœu s'accomplit, vos projets se découvrent.
C'est pour atteindre Odon que vous frappez Osvin.

THÉOBAL.

Quel que soit son pouvoir, malheur à l'assassin!
De la nuit du mystère en vain il s'environne;
Je veux le châtiment.

OSVIN.

Vous voulez la couronne.

THÉOBAL.

Il faut servir la France, il faut venger le roi.
(Il fait signe à ses gardes de s'éloigner, puis tirant Osvin à part.)
Vains débats! l'heure presse.... Approche! écoute-moi
Un guerrier, avant tout, se doit à sa patrie.
De ce jour dépendront les destins de ta vie.
Oui, ce jour peut te perdre ou t'immortaliser.

OSVIN.

Moi!

THÉOBAL.

Qui cherche la gloire, Osvin, doit tout oser.
Quitte la route obscure où rampe le vulgaire;

Des grands hommes pour toi s'ouvre enfin la carrière.
Loin de toi désormais et servage et repos!
Que l'enfant devienne homme, et le soldat héros!
Laisse les préjugés à la terre asservie,
Aigle altier! vers le ciel prends le vol du génie!
Apparais à la France, astre réparateur!
Le trône attend un maître et Paris un sauveur.
  N'interromps point encor. Né près du diadème,
Le meurtre de Thierri m'appelle au rang suprême;
Mais je me juge, et sens que le sceptre d'un roi,
Léger pour un héros, est trop pesant pour moi.
Mes droits à soutenir entraîneraient des guerres
Indignes de nos chefs, funestes à nos terres.
La gloire t'illustra, je te cède mes droits.
Qu'un hymen les consacre, on bénira tes lois.
Heureux soldat, grand prince, orgueil de la patrie,
Règne, vaillant Osvin! je te donne Azélie.

OSVIN, ému.

Dieu! qu'offre-t-il?

THÉOBAL.

Le prix de tes exploits passés.

OSVIN.

Azélie?

THÉOBAL.

Et le trône.

OSVIN.

Azélie est assez.

THÉOBAL.

Tu consens?

OSVIN.

Mais Odon?...

THÉOBAL.

Aspire à la couronne.
Qu'il tombe, cet obstacle entre Osvin et le trône.
L'instant est favorable : un meurtre s'est commis,
Accuse ton rival.... le sceptre est à ce prix.
Je ne chercherai point à savoir quel perfide
A levé sur le prince une main parricide.
Du comte ce forfait servait l'ambition.
Qui frappa? peu m'importe!.... Il faut nommer Odon.

OSVIN.

O ciel!

THÉOBAL.

Son intérêt lui commandait ce crime.
Il faut un grand exemple : il faut une victime.
Tout parle contre Odon. Nos vœux lui sont connus :
Osvin! il faut le perdre ou nous sommes perdus.
A lui seul le forfait! A qui pourrait-il être?
S'il ne l'a point commis, il devait le commettre.
Qu'il meure!.... C'est à toi de porter le grand coup.
Frappe! et règne.

OSVIN, avec emportement.

Et j'ai pu t'écouter jusqu'au bout!
Que d'outrages sanglans! On vient d'un front tranquille
M'initier au crime en adepte docile!
Quel long tissu d'horreurs devant moi déroulé!
Ici l'on veut un monstre.... Et je suis appelé!
Du plus grand des humains, qui, moi! flétrir la vie?
Moi! pour prix de l'opprobre épouser Azélie!
Oh! combien de moi-même à mes yeux je rougis!
Théobal m'a jugé digne d'être son fils.

THÉOBAL.

Quel transport te saisit! quelle fureur t'anime!
Crains la vengeance, Osvin!

OSVIN.

Je ne crains que le crime.

THÉOBAL.

Vous oubliez ici, fier de vos vains succès,
Que je suis.

OSVIN.

Vous avez oublié qui j'étais.
J'en jure par le ciel! pour moi plus d'Azélie.
Je l'adore, elle eût fait le bonheur de ma vie.
Je perds tout à la fois. N'importe. Vains regrets!
Osvin à Théobal ne s'alliera jamais.

THÉOBAL.

Quel délire!

OSVIN.

Azélie! être pur et céleste!
Plains du moins en ce jour, plains mon destin funeste!
Plus d'amour, plus d'hymen, plus de bonheur pour moi!
Je t'aime, j'ai ton cœur, et je renonce à toi!

THÉOBAL.

Mais quand tu perds le sceptre et la main d'Azélie,
Insensé! songe encor qu'en mes mains est ta vie.
Qu'on peut flétrir ton nom, qu'ici je dois régner,
Et qu'Odon, malgré toi, va se voir condamner.
Tu te troubles.... Choisis: l'échafaud ou le trône.

OSVIN.

Et pourrais-je hésiter! l'échafaud.

THÉOBAL.

La couronne
Eût été....

OSVIN.

L'infamie.

THÉOBAL.

Et la mort!....

OSVIN.

Je l'attends.
C'est le port du malheur, c'est la fin des tourmens

Perfide! dans la tombe où tu me fais descendre,
Je serai délivré de l'horreur de t'entendre.

THÉOBAL.

Tu meurs déshonoré. L'arrêt porté sur toi....

OSVIN.

Je n'ai point de famille; il ne flétrit que moi.

THÉOBAL.

Égorgé de ta main, si Thierri....

OSVIN, vivement.

Sois sincère!
Le crois-tu?

THÉOBAL.

Quel est donc l'ennemi sanguinaire
Par ce meurtre, servi? par ce crime, élevé?

OSVIN.

Je t'entends. A ton but marche le front levé!
Nomme Odon. Mais sais-tu?....

THÉOBAL.

Je sais qu'il est ton guide.
Qu'à l'usurpation il faut le régicide.
C'est assez!

OSVIN.

Oh! quel juge!

THÉOBAL.

Auprès du souverain,
Tu veillais sur ces murs. Nomme un autre assassin.
Parle!

OSVIN.

Il m'est inconnu. Mais sans preuve certaine,
Sur de simples soupçons, et guidé par la haine,
Si j'osais dénoncer le meurtrier du Roi,
A l'instant même, ici, j'accuserais....

THÉOBAL.

Qui?

OSVIN.

Toi.

THÉOBAL, furieux.

Soldat audacieux! factieux téméraire!
Tremble! au sort qui t'attend rien ne peut te soustraire:
Traduit en criminel au conseil des guerriers,
Tu demandes la mort... Tu mourras.

SCÈNE IV.

THÉOBAL, OSVIN, ODON, GARDES.

THÉOBAL, aux gardes, apercevant Odon.

Chevaliers!
Le sang royal versé crie encore vengeance.
On dénonce deux chefs fameux par leur vaillance.

Il importe à l'honneur des gardes du palais,
Aux droits du diadème, au salut des Français,

(A Odon.)

Que tout soit éclairci. Noble comte! pardonne!
Je sévis à regret, mais le devoir l'ordonne.

(Aux gardes.)

La reine m'a remis son pouvoir souverain.

(Montrant Odon et Osvin.)

Tous deux sont arrêtés. Ici, jusqu'à demain,
Qu'ils soient vos prisonniers! veillez sur eux!

(Il sort.)

SCÈNE V.

ODON, OSVIN, GARDES AU FOND.

ODON.

Qu'entends-je!
Nous, captifs!

OSVIN.

Des vertus le crime enfin se venge,
Reconnais Théobal!

ODON.

Il m'ose soupçonner!

OSVIN.

Il osera bien plus.

ODON.

Et, quoi?

OSVIN.

Te condamner.

ODON.

Il tombe dans l'opprobre.

OSVIN.

Il monte au rang suprême.

ODON.

Lui! vouloir mon trépas!

OSVIN.

Il veut le diadème.
C'est ton pouvoir qu'il craint, c'est ton sang qu'il lui faut.
Ciel! au sauveur des Francs dresser un échafaud!
Que dis-je! ah! nos soldats, enfans de la Victoire,
Montés en te suivant au temple de mémoire,
Souffriront-ils les traits contre Odon aiguisés?
Non, permets qu'on te sauve, et tes fers sont brisés.
Tout Paris se révolte, et l'armée en furie....

ODON.

Est-ce ainsi que d'un crime un chef se justifie?
Moi soulever les Francs à mon aide accourus!....
Si j'étais criminel, que ferais-je de plus?

OSVIN.

Ton salut avant tout!

ODON.

Avant tout la patrie!

OSVIN

Ils sauveraient tes jours.

ODON.

Ils flétriraient ma vie.
Laisse sur moi la haine étendre ses fureurs;
De l'imposture, Osvin, que me font les clameurs?
Ma vie est le témoin qui prendra ma défense;
Va, j'ai pour moi l'honneur, j'aurai pour moi la France.

OSVIN.

Théobal.....

ODON.

Peut régner, mais ne peut m'avilir.

OSVIN.

Roi, s'il ose frapper!

ODON.

Soldat, je sais mourir.

OSVIN.

* D'un vil arrêt sur toi s'il jette l'infamie.

ODON.

* Je périrai tranquille, absous par ma patrie.
* Et, juge des deux chefs, lui couronné, moi mort,
* Quel chevalier français ne choisirait mon sort!
Mais qui fut donc du roi le meurtrier infâme?

OSVIN, vivement.

Théobal.

ODON.

Quelle preuve?

OSVIN.

Ah! crois moi, dans son âme
Où la soif du pouvoir a toujours dominé....

ODON, l'interrompant.

S'il ne nous haïssait, l'aurais-tu soupçonné?

OSVIN.

Sa fureur est aveugle, et sa haine est perfide.
Qui dit ambitieux.....

ODON.

Ne dit point homicide.
Plus d'un cœur élevé désira la grandeur,
Souvent vers le pouvoir on vit marcher l'honneur.
* Osvin! que le méchant, voyant partout des crimes,
* Dénature les noms, n'ouvre que les abîmes,
* Il le peut, il le doit, l'erreur est son appui;
* Un monstre veut partout des monstres tels que lui.
Mais toi! noble guerrier, à peine à ton aurore!
Que l'intrigue des cours n'a pu corrompre encore!
Laisse la calomnie aux mortels dépravés,
Et ne crois aux forfaits que lorsqu'ils sont prouvés.

OSVIN.

Connais donc ton rival! ici même, en sa haine.....

(Des gardes s'approchent et présentent un écrit à Odon.)

ODON, l'ayant regardé.

On vient nous séparer. C'est l'ordre de la reine.

OSVIN.

On la trompe.

ODON.

N'importe!

OSVIN.

Et tu vas?....

ODON.

Obéir.

Il sort.

SCÈNE VI.

OSVIN seul.

(Une partie des gardes a suivi Odon. Torel éloigne les autres.)

OSVIN.

Théobal triomphant! Odon prêt à périr!
Et le crime en tous lieux levant sa tête altière!...
Aux puissances du mal appartient donc la terre !
Ordamant! tu vaincras.

(Ordamant sort du bois sacré, enveloppé d'un long manteau.)

Juste ciel, vous ici!

ORDAMANT.

Tu m'appelais.

OSVIN.

Qui? moi!

ORDAMANT.

Toi-même : et me voici.

OSVIN.

Parmi nos chevaliers ! sous nos murs ! quelle audace !
Braver tant de périls !

ORDAMANT.

Aucun ne me menace.

OSVIN.

Torel et ses soldats non loin veillent sur moi.
La garde du palais.....

ORDAMANT.

M'est dévouée.

OSVIN.

A toi !

ORDAMANT.

La nuit des trahisons te couvre et t'environne,
Je te l'ai déjà dit ; sur toi la foudre tonne.
De la fureur des tiens je viens te préserver.

OSVIN.

Tu pourrais ?....

ORDAMANT.

Te défendre.

OSVIN.

Et tu viens ?

ORDAMANT.

Te sauver.

OSVIN.

Quel mystère nouveau! L'ennemi de la France
N'est ici....

ORDAMANT.

Que pour toi.

OSVIN.

Lui, prendre ma défense!
* Qui donc à mon secours peut t'entraîner?

ORDAMANT.

* Mon cœur.

OSVIN.

* Quel mélange inconnu de tendresse et d'horreur
* Bouleverse mes sens!.... Quel est donc son empire?
* Tout en lui me repousse, et vers lui tout m'attire.

ORDAMANT.

La nuit avance, Osvin, hâtons-nous! suis mes pas.

OSVIN.

En quels lieux?

ORDAMANT.

A mon camp.

OSVIN.

Ah! plutôt le trépas!
Qui t'appelle à mon aide? O ciel! as-tu pu croire

Qu'à l'opprobre, pour toi, je vouerais ma mémoire!
Qu'à tes destins mon sort pourrait être lié!
Va, tu me fais horreur.

ORDAMANT.

Une tendre pitié....

OSVIN *se tournant vers le Palais.*

Gardes!

ORDAMANT *avec effroi et tendresse.*

Que vas-tu faire? Ah, malheureux! arrête!
Songe qu'en ce moment ton échafaud s'apprête,
Que pour toi, s'il le faut, j'exposerais mes jours!
Qu'en ami je te parle....

OSVIN.

En ami! quel discours!
Toi! ce tendre intérêt!

ORDAMANT.

Osvin! dans quelques heures,
Paris m'appartiendra. Ces royales demeures
Ont perdu l'héritier des anciens souverains.
Tu seras roi.

OSVIN.

Qu'entends-je? ô funestes destins!
Sans doute sur mon front est empreint l'anathème:
Tous les traîtres ici m'offrent le diadème.
Utile à leurs projets, au milieu d'eux jeté,
Ils m'ont remarqué tous, ils m'ont tous adopté.

ORDAMANT.

Chasse une sombre image!

OSVIN.

Ote-toi de ma vue!
Quel jour affreux m'éclaire!.... Une main inconnue
D'un poignard homicide osa frapper le roi.
Ordamant est ici....

ORDAMANT.

Poursuis! accuse-moi.
* N'arrête point, cruel, l'essor de ta furie!
* Je m'armais pour tes jours, arrache-moi la vie.

OSVIN.

* En quel trouble!....

ORDAMANT.

* Pour moi, rien ne t'a donc parlé?

OSVIN troublé.

* Ta voix émeut mon âme.

ORDAMANT.

* Et ton âme a tremblé.
* Osvin! me croirais-tu l'assassin de ton maître?

OSVIN.

* Pour pouvoir te juger il faudrait te connaître.

ORDAMANT.

* Tu peux lire en mon cœur.

OSVIN.

* Je ne l'essaierai pas.
* Je veux te fuir.

ORDAMANT.

* Partout tu me retrouveras.

OSVIN.

On t'a nommé barbare, et de toi rien n'étonne.
Tes fureurs....

ORDAMANT.

Me crains-tu?

OSVIN.

Moi, je ne crains personne.

ORDAMANT.

Osvin, je l'avoûrai, je fus souvent cruel.
(D'une voix sombre et plaintive.)
Mais si l'excès des maux excuse un criminel,
Qui souffrit plus que moi!....

OSVIN ému.

Quelle douleur t'accable!
Quoi! tu fus malheureux?

ORDAMANT.

Le sort inexorable
Au plus affreux supplice a condamné mes jours.
Écoute! Aux temps heureux des premières amours,

J'avois par mes exploits illustré ma patrie.
Cette patrie, Osvin, n'était pas la Neustrie.
Une amante adorée avait reçu ma foi;
Aimé de mon pays, je l'étais de mon roi;
Et, l'honneur seul guidant ma jeunesse fougueuse,
L'aurore de mes jours s'élevait radieuse.
Soudain quel changement! le destin me trahit.
J'avais sauvé mon roi, lui-même il me proscrit.
De mes succès constans on me fait un long crime.
L'idole du matin, du soir est la victime.
Déjà vers d'autres chefs mes soldats ont couru;
Tous mes amis m'ont fui : nul ne m'a secouru.
Un seul appui me reste; une épouse chérie;
(1) L'infortune auprès d'elle eût glissé sur ma vie....
O fureur! ses attraits charment le souverain;
Il offre un sceptre.... hélas! d'un poignard assassin
La cruelle ose armer une main sanguinaire,
Et je tombe expirant sur la rive étrangère.
Je revins à la vie. En des déserts lointains
J'ensevelis d'abord l'horreur de mes destins.
Puis sortant tout à coup de ma stupeur profonde,
Je voulus de ma rage épouvanter le monde;
D'une valeur féroce exercer le pouvoir,
Et sur le genre humain jeter mon désespoir,
Je l'ai fait.

(1) Au Théâtre, au lieu de *eût glissé*, *eût épargné*.

OSVIN.

O du sort imprudente victime !
Pour ressource au malheur n'avais-tu que le crime ?
* A qui la terre manque il reste encor le ciel.

ORDAMANT d'un air sombre et farouche.

* Il ne me reste rien.... il est trop tard.

OSVIN.

* Cruel !
* Jamais le Dieu clément ne s'est lassé d'attendre.
* Il n'est jamais trop tard.

ORDAMANT.

* Ame sensible et tendre !
* Me plains-tu maintenant ? Au malheur destiné,
* Pour les forfaits.... crois-moi.... non, je n'étais pas né.
* Enthousiaste ardent des sentimens sublimes,
* Qui connut mieux l'honneur, et qui hait plus les crimes ?

OSVIN, vivement touché.

Oh ! m'entraînant vers toi, quel pouvoir inconnu
M'attendrit sur tes maux !

ORDAMANT, serrant Osvin contre son cœur.

Cher Osvin !

OSVIN, reculant, et tout troublé.

Que fais-tu ?....
Quel désordre en mes sens !.... Mystérieux génie !
Que veux-tu donc de moi ?.... que m'importait ta vie ?
Regarde donc ce lieu.

ORDAMANT.

Je ne puis voir qu'Osvin.

OSVIN avec égarement.

Quelle horrible clarté !.... Son aspect! son destin.... (1)
* Si devant mes yeux !.... Non. Ma raison m'abandonne.
* D'où lui vient sa puissance ?... Ah! tout mon corps frissonne
* Prenez pitié de moi. Suis-je ?.... Quel est ton nom ?
* Mes secrets sont les tiens.... parle !

ORDAMANT.

* Suis mes pas.

OSVIN.

* Non.

ORDAMANT.

* Je te l'ordonne.

OSVIN.

O ciel ! et pour parler en maître
Quels droits as-tu sur moi ?

ORDAMANT.

Les plus sacrés peut-être.

---

(1) Au Théâtre, au lieu des vers marqués par des astérisques, on a mis ceux-ci :

OSVIN.

Quelle horrible clarté !.... Son aspect !.... son destin !...

ORDAMANT.

Suis-moi.

OSVIN.

Non.

ORDAMANT.

Je l'ordonne.

OSVIN.

Et pour parler en maître, etc.

Cesse de résister! On vient.... plus de délais!
Le ciel le veut: suis-moi.

OSVIN.

Fuir mon pays! jamais.

ORDAMANT.

Son sort fatal l'emporte.... eh bien! plus de mystère!
Je suis....

OSVIN, avec horreur.

N'achève pas.... j'entends.

ORDAMANT.

Je suis ton père.

(Il veut l'entraîner.)

OSVIN embrassant de ses mains un vieux trophée.

France!.... adieu.

ORDAMANT.

Je t'attends.

OSVIN.

Ne m'attends pas.... je meurs.

(Il tombe sans mouvement au pied du trophée.)

ORDAMANT, désespéré.

L'infortuné succombe à l'excès des douleurs.
Dieu! Théobal s'approche.... Osvin! et je te laisse!
(S'éloignant l'œil fixé sur Osvin.) (Avec fureur.)
Je n'ai pu le sauver.......... Malheur à toi, Lutèce!

Il sort.

FIN DU TROISIÈME ACTE.

ACTE QUATRIÈME.

SCÈNE PREMIÈRE.

(Le jour commence à paraître.)

BERTHE, UDARIN.

UDARIN.

Ainsi la loi l'ordonne. Oui, madame, ici même
Osvin sera jugé par une cour suprême.

BERTHE.

Ce séjour....

UDARIN.

Est sacré. Les princes vos aïeux
Jadis près de ce temple interrogeant les cieux,
Convoquaient leurs conseils et rendaient la justice.

BERTHE.

L'aube paraît à peine.... Affreux et long supplice!

UDARIN.

Osvin un meurtrier!.... non, tout l'accuse en vain

BERTHE.

L'on a frappé Thierri, l'on va juger Osvin.
Et je ne puis qu'au ciel élever ma prière!
Quoi! du meurtre d'un fils on accuse.... le frère!
De tous deux à la fois le sang va-t-il couler!
Dois-je attendre l'arrêt!.... faut il tout révéler!

Osvin ! on veut te perdre ! et Berthe doit se taire !
Je ne puis te défendre, et pourtant je suis mère !

UDARIN.

Je préside au conseil. De grâce ! calmez-vous.
Mon âge.....

BERTHE.

Un noir complot se trame parmi nous.
Nos chefs sont abusés : notre France est trahie.
Une secrète voix à toute heure me crie :
« *Dans Paris, Ordamant, lui-même, arme les siens :*
» *Tremble ! malheur à toi ! malheur à tous les tiens !* »

UDARIN.

L'excès du désespoir vous égare, madame.
Opposez aux grands maux l'essor d'une grande âme.
C'est à vous de donner aux Français abattus
L'exemple du courage et celui des vertus.
Odon au tribunal refuse de se rendre,
Qu'il ose nous braver ! Paris peut le défendre.
Il porte encor son glaive.

BERTHE.

Il me le remettra.
Je l'attends. Au conseil, Odon, comparaîtra ;
Je vous réponds de lui. Qu'il m'entende !

UDARIN.

Il s'avance.

SCÈNE II.

BERTHE, ODON.

BERTHE.

Comte! vous notre appui! vous l'orgueil de la France!
Qu'un acier homicide ait armé votre main!
Non; jamais un héros ne fut un assassin.
Votre âme m'est connue. Ah! la reine elle-même,
Déposant devant vous l'orgueil du rang suprême,
Se reproche et s'excuse en ces jours de revers,
D'avoir permis qu'Odon fût jugé par ses pairs.
Mais la justice parle et se fait seule entendre:
Moi! j'ai dû vous livrer: vous! daignez vous défendre.
* Et pliant sous la loi que brise un chef altier,
* Montrez aux nations un héros tout entier.
*   Il faut venger Thierri. Le jour qui nous éclaire
* Dévoilera peut-être un horrible mystère.
Ordamant, m'a-t-on dit, jusqu'en ces murs guerriers,
A des agens secrets; voilà les meurtriers.
Comte! organe du peuple, écho de la patrie,
La reine au désespoir, Berthe vous en supplie,
Bravant les délateurs, pouvant les défier,
Descendez noblement à vous justifier.

ODON.

Odon, devant ses pairs, sommé de se défendre,
En se justifiant ne croira point descendre.
Votre cœur rend justice au comte de Paris.
Je reconnais la reine. Ordonnez! j'obéis.
Eh quoi! vous excuser! vous! quand la loi sévère
Vous prescrit vos devoirs et de reine et de mère!
L'outrage des soupçons s'efface à votre voix;
Oui, je me défendrai; je le puis, je le dois.

BERTHE.

Prince du sang royal, digne du rang suprême,
Vous avez, je le sais, des droits au diadème.

ODON.

Les droits de Théobal l'emportent sur les miens.

BERTHE.

Vous les reconnaissez?

ODON.

Reine! je les soutiens.

BERTHE.

Si Paris vous appelle à la toute-puissance?

ODON.

Il n'en a pas le droit.

BERTHE.

Si les chefs de la France
Repoussent Théobal?

ODON.

Je combattrai pour lui.

BERTHE.

Il est votre rival.

ODON.

Je serai son appui.

BERTHE.

* Odon, sans Théobal, serait roi légitime.

ODON.

* Ah! cette seule idée à mes yeux est un crime.

BERTHE à part.

* Injuste Théobal! que n'entends-tu sa voix!

ODON.

* Malheur aux nations qui perdent leurs vrais rois!

BERTHE.

Vos ennemis, cruels, mais égarés peut-être,
Vous sont-ils tous connus?

ODON.

Que sert de les connaître!
Je ne veux point haïr.

BERTHE.

Il faut vous éclairer.
Théobal.....

ODON.

Non, sur lui je veux tout ignorer.
Il doit être mon prince, et je dois le défendre,
Contre mes ennemis je ne veux rien entendre.

BERTHE.

Généreux chevalier !

ODON.

Reine! le sauriez-vous !
Le plus étrange bruit se répand parmi nous.
Robert, assure-t-on, Robert existe encore.
On l'a vu.

BERTHE troublée.

Se peut-il!... en quel lieu ?

ODON.

Je l'ignore.

BERTHE.

Qui l'aurait reconnu ?

ODON.

D'anciens soldats français.
Errant et seul...........

BERTHE.

Quels sont ces soldats ?

ODON.

Je ne sais.
Mais en mon cœur s'élève une vague espérance,
Si le ciel protecteur veut....

BERTHE.

Le conseil s'avance.
Du sort qui vous poursuit allez braver les coups!
Mais je vous vois armé.... Vous refuseriez-vous
A déposer ce fer que la loi vous retire?

ODON.

Reine! quel est sur moi votre invincible empire!
Ce glaive!.... il n'a jamais, en nos champs belliqueux,
Défendu que l'honneur et servi que les preux.
Il ne m'a point quitté. Compagnon de ma vie,
Madame! il m'est bien cher.... plus chère est ma patrie.
Encor ce sacrifice! un conseil va s'ouvrir;
Je n'y suis qu'un soldat, je n'y dois qu'obéir.
(Aux Chevaliers qui entrent.)
Qu'ici devant la loi tout fer soit sans puissance.
(Remettant son fer au Président.)
Voici mon glaive.

BERTHE se retirant.

O Dieu! protégez l'innocence.

SCÈNE III.

UDARIN, THÉOBAL, ODON, OSVIN, CHEVALIERS.

Udarin se place sur un siége élevé. Théobal est à ses côtés. Les autres membres du Conseil se placent à l'entour sur des gradins inférieurs. Odon et Osvin, désarmés, sont debout.

UDARIN, à Odon.

En ces jours de désordre et de calamité,
Quoi! deux fois, devant nous, Odon se voit cité!
Lorsque tout rend hommage à son puissant génie.
Comte! hier, votre armée, en ses vœux trop hardie,
A pensé qu'un héros par la gloire adopté,
Avait acquis de droit la souveraineté.
Se permettant d'offrir la puissance suprême,
Elle a sur votre front placé le diadème.
Mais de nos rois encore existait l'héritier :
L'obstacle était terrible ; il devait effrayer ;
Qu'arrive-t-il?.... Thierri sous le poignard expire.
Du jeune Osvin, pour vous, l'amour est un délire;
Son admiration semble un culte insensé.
Cet ami, près du Roi, par votre ordre est placé.
Seul, il répond du prince.... et Paris perd son maître.
La loi, devant vos pairs, vous force à comparaître.
L'apparence, les faits, tout parle contre vous.

A de légers soupçons nous arrêterions-nous?
Attentive, alarmée, ô Comte! la patrie
N'adresse au ciel qu'un vœu.... qu'Odon se justifie.

OSVIN.

Lui! se justifier!.... vous osez!....

ODON, à Osvin.

Que dis-tu!
Osvin, le calme seul convient à la vertu.
C'est à moi de parler : c'est à moi qu'on s'adresse.
Je n'irai point ici, nobles fils de Lutèce!
De mes succès passés me faire de vains droits;
Un perfide souvent brilla par des exploits.
De mes concitoyens mon bras prit la défense :
Mais tout preux comme moi combattit pour la France;
Je n'ai fait que remplir les devoirs d'un soldat.
Si de quelques succès on a vanté l'éclat,
Dois-je orgueilleusement en accepter la gloire!
Qui commande aux Français, commande à la victoire.
L'armée en un transport, irréfléchi, soudain,
Osa me saluer du nom de souverain,
Il est vrai : mais aussi, l'on sait qu'à l'instant même
J'arrachai de mon front le royal diadème,
Et punis des soldats les transports factieux.
Ah! loin de moi le crime! En vos cœurs généreux,
Rendez justice au chef qui, près du rang suprême,
Lorsqu'il a tout vaincu sait se vaincre lui-même,

Qui fléchit sous la loi dont seul il fut l'appui,
Et reste humble sujet quand tout tremble sous lui.
Chevaliers! si le trône eût eu pour moi des charmes,
Servi par mes succès, servi par vos alarmes,
J'eusse depuis long-temps usurpé le pouvoir.
Odon, pour être roi, n'avait qu'à le vouloir.
Sous le manteau brillant des fils de la victoire,
J'aurais caché le crime, on n'eût vu que la gloire.
Vers le char des tyrans le peuple est entraîné;
Je serais avili.... mais on m'eût couronné.
Devant ma volonté tombait toute barrière;
Et la mort de Thierri n'était pas nécessaire.
Le bruit s'est répandu qu'Odon de fers chargé,
Par une cour suprême allait être jugé:
Des héros dont vous-même admirez le courage,
M'ont fait publiquement parvenir ce message.
Lisez!

(Il remet l'écrit au Président.)

UDARIN, lisant à haute voix.

« Prononce un mot! Odon, tu seras roi.
» Nous volons à ton aide, et le trône est à toi.
» Laisse-nous te sauver: le devoir nous l'ordonne;
» Puis à ton gré reçois ou donne la couronne. »

(Après avoir lu.)

Qu'avez-vous répondu?

ODON.

Ces mots : « Peuple guerrier !
» Serait-ce à la révolte à me justifier !
» Respect au grand conseil ! aux lois obéissance !

OSVIN, avec force.

Et voilà le héros que poursuit la vengeance !
Ah ! ce sont ses vertus qui vous auront lassés !
Qu'il dise un mot...! soudain, ministres insensés !
Ceux qui l'osent juger n'ont que lui pour refuge,
Vous tombez à ses pieds, et c'est lui qui vous juge.

ODON, bas à Osvin.

Malheureux ! tu te perds.

UDARIN, à Osvin.

Calme tes sens troublés.
C'est à toi maintenant à répondre.

OSVIN.

Parlez.

UDARIN.

Ton glaive a-t-il frappé la royale victime?

OSVIN.

Non.

UDARIN.

Qui put, sans ton aide, exécuter le crime?

OSVIN.

Je ne sais.

UDARIN.

Mais Odon te confia Thierri?

OSVIN.

Ce fut la reine.

UDARIN.

Osvin! un monarque chéri
Meurt frappé sous tes yeux!

OSVIN.

Je sens que tout m'accuse.
Je répondais du roi. Nul espoir ne m'abuse.
Frappez! Je brave en paix votre arrêt menaçant :
J'ai vécu sans reproche, et je meurs innocent.

THÉOBAL.

Si d'un meurtre exécré ton bras fut incapable,
Un autre l'a commis. Désigne le coupable;
On t'absout.

OSVIN, à Théobal.

Je n'aurais, comme assassin du roi,
Qu'à désigner Odon, et tu m'absoudrais, toi!
Je le sais.

THÉOBAL.

Accusé! quelle fureur t'inspire!
Oses-tu le penser?

OSVIN.

Tu me l'osas bien dire.

THÉOBAL, avec fureur.

* Déclare donc aussi que je suis l'assassin !
* Traître !

ODON.

* Au lieu d'accuser, défends-toi donc, Osvin.

THÉOBAL.

Parle enfin sans détour au tribunal suprême.
En cette sombre enceinte, Osvin, cette nuit même,
Avec un étranger plusieurs soldats t'ont vu.

OSVIN, troublé.

Il est vrai.

THÉOBAL.

Quel était ce guerrier inconnu ?
Tu trembles.... tu pâlis.

OSVIN.

Moi !

THÉOBAL.

Quel était cet homme ?
Pourquoi cet entretien ? son nom ?

OSVIN, entièrement troublé.

Que je le nomme !

UDARIN.

Répond.

OSVIN.

Affreux moment!

UDARIN.

Où portait-il ses pas?
Que voulait-il de toi?

OSVIN, vivement.

Je ne le connais pas.

UDARIN.

Lui, te connaissait-il?

OSVIN.

Je n'ai plus rien à dire.

UDARIN.

Ce silence te perd.

OSVIN.

Peu m'importe.

UDARIN.

O délire!
Quoi! lorsqu'autour de nous s'arme la trahison,
Un étranger te parle, et tu nous tais son nom!

OSVIN.

Qu'on me mène à la mort!

UDARIN.

Tu commis donc le crime?
Sais-tu quel sort t'attend? Vois-tu dans quel abîme?....

OSVIN.

Prononcez mon arrêt, je subirai mon sort.
Hâtez-vous.... chevaliers! je demande la mort.

UDARIN et les Chevaliers se levent.

Il suffit.

(Les membres du Conseil délibèrent au fond du Théâtre.)

OSVIN, à Odon.

De tout temps j'ai haï l'imposture!
Mon âme est innocente, Odon! je te le jure.
(Il se jette à ses pieds.)
Exauce une prière! et je meurs sans tourmens....
(Levant ses bras vers lui.)
Daigne embrasser ton fils à ses derniers momens.

ODON.

Cruel! relève-toi. Quel mystère effroyable!
Non, je ne puis le croire, Osvin n'est point coupable.
Quels que soient tes secrets, ton arrêt, ton destin,
Les bras de l'amitié s'ouvrent pour l'orphelin.
Dans mon sein, sur mon cœur, laisse couler tes larmes,
Viens! que j'y presse encor mon fils, mon frère d'armes!
Je te crois : je t'absous.
(Il le serre dans ses bras.)

OSVIN, avec enthousiasme.

Et moi! je meurs heureux.
Je meurs fier de moi-même, et vais t'attendre aux cieux.

Terre! condamne-moi : juges! lancez la foudre :
Je ris de vos arrêts.... Odon vient de m'absoudre.

UDARIN s'avance, suivi de tout le Conseil, et remet à Odon son épée.

Comte! le tribunal vous déclare innocent.
Reprenez votre glaive, et que, toujours puissant,
Le héros de Paris soit l'orgueil de la France!

THÉOBAL, à part, avec fureur.

Il triomphe!

UDARIN, à Osvin avec douleur.

Pour vous!... il n'est plus d'espérance.
Faut-il que ce soit moi!...

OSVIN.

Poursuivez, Udarin!
Ma vie est un supplice, et j'en attends la fin.
Des juges d'ici-bas que me fait l'anathème!
J'en appelle en mourant au tribunal suprême.

ODON.

Quoi! pour arrêt... la mort!

UDARIN, montrant les guerriers.

Ils l'ont ainsi jugé.

ODON.

Jour funeste!... ah! d'Osvin Théobal s'est vengé.

UDARIN, aux gardes, montrant Osvin.

Qu'aux prisons du palais, gardes, on le conduise!

OSVIN à Odon, en sortant.

Oh! ne regrette point des jours que je méprise!
Ne plains point mon destin! que m'importe leur loi!
Ton fils est acquitté par le ciel... et par toi.

Il sort.

ODON s'élançant vers les juges.

Arrêtez! non, Osvin n'a point commis le crime.
Ah! si jamais des miens j'ai mérité l'estime,
Si jamais sur vos cœurs j'eus quelques droits acquis!
Daignez m'entendre! Osvin m'est aussi cher qu'un fils.
Il était l'espérance et l'amour de Lutèce.
Je connais ses vertus, je formai sa jeunesse.
Je réponds de son âme.... Osvin est innocent.
Peut-être, parmi nous, quelque devoir puissant
Au silence a contraint ce guerrier magnanime;
Ah! sa mort est peut-être un dévouement sublime.

SCÈNE IV.

BERTHE, UDARIN, THÉOBAL, ODON, CHEVALIERS.

BERTHE, arrivant précipitamment.

Ciel! Osvin condamné! se peut-il?

THÉOBAL, s'avançant vers elle.

Devant nous
Il n'a pu se défendre, et seul....

BERTHE irritée.

Retirez-vous.

Théobal sort.

UDARIN à Berthe.

Il s'est perdu lui-même.

BERTHE.

Il s'est perdu !....

UDARIN.

Madame !....

BERTHE, le repoussant.

(A Odon d'une voix suppliante.)

Udarin, c'est assez. Vous qu'un soupçon infâme
Parmi nous en ce jour osa frapper aussi !
Vous connaissiez Osvin.... il était votre ami.
Vous formâtes son cœur, vous guidiez sa vaillance ;
Sauvez donc l'orphelin, sauvez donc l'innocence.

ODON, aux membres du tribunal.

Français ! de votre reine entendez la douleur !
Elle vient soutenir la cause du malheur,
Et vous resteriez sourds à sa touchante plainte !
Sur nous, du haut des cieux, descends, vérité sainte !
Juges ! tremblez qu'ici d'un héros innocent
Sur vos têtes un jour ne retombe le sang !

BERTHE, hors d'elle-même.

C'en est trop ! plus de feinte ! en ce moment d'alarmes
Il faut tout révéler.... Sachez qu'Osvin....

SCÈNE V.

UDARIN, THÉOBAL, ODON, CHEVALIERS.

THÉOBAL, accourant à la hâte.

Aux armes !
Entends-tu ces clameurs !.... chef ! nous sommes trahis.
Un perfide a livré les portes de Paris.
Rassemble tes guerriers ! viens, l'ennemi s'avance.

UDARIN, à Odon.

Nous répondons d'Osvin, réponds-nous de la France.

ODON, avec transport.

Ciel ! daigne m'éclairer !.... amis, suivez mes pas !
Voici l'heure immortelle...! aux combats !

TOUS.

Aux combats !

BERTHE, comme égarée.

(On entend au loin le tocsin et des cris tumultueux.)

Ordamant dans nos murs !.. grand Dieu ! quels cris d'alarm

(Avec l'accent du désespoir.)

Ah ! Lutèce est perdue.

ODON.

Ah! Lutèce a des armes!

BERTHE.

Il attaque!....

ODON.

Il se livre.

BERTHE.

Il triomphe!

ODON.

Il se perd.

Ce guerrier n'est qu'un homme....

BERTHE, hors d'elle-même.

Et cet homme.... est Robert!

ODON, confondu d'étonnement.

(Après une pause.)

Lui!.... n'importe! marchons! que l'ennemi frémisse!
Chefs! nous avons pour nous nos glaives, la justice,
Le souvenir puissant de nos anciens succès,
Le drapeau de nos rois.... et nous sommes Français.

FIN DU QUATRIÈME ACTE.

ACTE CINQUIÈME.

On entend un bruit lointain et confus, le tocsin ne sonne plus.

SCÈNE PREMIÈRE.

ORDAMANT seul.

Quel tumulte confus! quel désordre! quels cris!
Et c'est moi! c'est Robert qui ravage Paris!....
En mes sens éperdus quelle terreur s'élève!
De mes sanglantes mains j'ai vu tomber mon glaive.
Normands! frappez sans moi: Francs! j'ai fui loin de vous
Quels sont les miens? aucun: et mes ennemis? tous.
Eh quoi! pour arriver à ce jour de vengeance,
J'entassai les forfaits, j'épouvantai la France,
Et lorsqu'enfin au but Robert est parvenu,
Se jetant en arrière, il recule éperdu!....
Puni par le bonheur, frappé par la victoire,
Comme devant un spectre il fuit devant sa gloire.
Mais quels cris redoublés! je succombe à mes maux.
C'en est fait de Paris.

Il tombe sur un banc.

SCÈNE II.

ORDAMANT, TOREL, GUERRIERS.

TOREL.

Se livrant au repos,
Ordamant, seul, ici! dois-je en croire ma vue!
Ah! seigneur, paraissez! et Lutèce est vaincue.

ORDAMANT.

Quoi Paris tient encor?

TOREL.

Paris résiste en vain;
Venez! il est à nous.

ORDAMANT, se levant.

Torel! que fait Osvin?

TOREL.

Des prisons par votre ordre on a brisé les portes.
Osvin, devenu libre, a rejoint ses cohortes.
A leur tête, seigneur, il combat contre vous.

ORDAMANT.

Qui? lui!

TOREL.

Sa délivrance est un malheur pour nous.
Lui seul encor, lui seul défend la forteresse;

Sa voix a rallié les enfans de Lutèce;
Sans lui, depuis long-temps, tout vous serait soumis.
Seul, il résiste en brave.

ORDAMANT, avec un mouvement de joie et d'orgueil, à voix basse.

Et ce brave est mon fils.

TOREL.

Mais contre vous, seigneur, qui pourrait se défendre!
Montrez-vous! combattez! et le fort va se rendre.
Vous ne répondez point. Silencieux, rêveur,
A peine écoutez-vous.

ORDAMANT, d'un air sombre.

Tu dis qu'il est vainqueur?

TOREL.

Hors le chef des Normands nul ici ne doit l'être.

ORDAMANT, lui montrant le lieu qui l'entoure.

Ici, je fus Robert: ici, je reçus l'être.
Voici le temple antique où jeune et vertueux
Je m'armais pour la France et priais pour les preux.
Là, jadis, entouré de mes compagnons d'armes,
J'étais pur comme Osvin.

TOREL.

Et vous versez des larmes!
Quel changement! ô ciel!....

ORDAMANT.

Ah ! rentré dans Paris,
J'ai perdu ma fureur en retrouvant mon fils.
Sa candeur, ses vertus, sa valeur, sa noblesse,
Me reportaient, heureux, aux jours de ma jeunesse.
Combattant pour Lutèce, illustrant son pays,
Osvin est aujourd'hui ce que j'étais jadis.
En lui je remontais à mes vertus premières,
Comme en songe un proscrit rentre au toit de ses pères.

TOREL.

* Dieu, quel égarement!... Vous! me parler ainsi!

ORDAMANT, avec un froid dédain.

* Je m'égare en effet... Tu n'es qu'un traître aussi.

TOREL.

* Ah! devais-je m'attendre à cette horrible injure!
* Lorsque mon dévouement.....

ORDAMANT.

Ton dévouement! parjure!
Ah! voilà mon malheur; de vils agens suivi,
Au-delà de mes vœux je fus toujours servi.
Flattant en moi leur maître, ou plutôt leur victime,
Avant qu'on l'ait prescrit, ils commettaient le crime.
Aujourd'hui même encor, ici, qu'ai-je ordonné?
Qu'on enlevât le prince?... ils l'ont assassiné.

Traîtres tous deux, nos cœurs n'ont nulle ressemblance;
Trahi par mon épouse, et proscrit par la France,
Dans mes malheurs, du moins, à mon manque de foi,
Une excuse existait...... Quelle est la tienne, à toi?

TOREL.

Seigneur! vous vous perdez. Quand l'armée intrépide
Vous appelle aux combats......

ORDAMANT, irrité.

Va combattre, perfide!
Poursuis le crime!... pars.... moi je m'arrête.

TOREL.

O ciel!
Vous, porter aux Normands un coup aussi cruel!
Que leur dirai-je?....

ORDAMANT.

Rien.

TOREL.

Ils viendront....

ORDAMANT.

Qu'on me laisse!

TOREL.

Et s'ils étaient vaincus sous les murs de Lutèce!....

ORDAMANT.

Osvin triompherait.

TOREL.

De grace ! écoutez-moi !
Pour la dernière fois ! Seigneur.

ORDAMANT, avec violence.

Retire-toi.

Torel sort.

SCÈNE III.

ORDAMANT SEUL.

ORDAMANT, regardant la chapelle.

Oui ! c'est ici que, fier d'une vie illustrée,
Je reçus les sermens d'une amante adorée.
* C'est en ces saints parvis que Berthe, toute à moi,
* Laissait parler son cœur et m'engageait sa foi.
* Noblement appuyé sur ma blanche bannière,
* Alors vers l'Éternel j'élevais ma prière.
Noble voix de l'honneur ! douce paix des vertus !
Jours de gloire et d'amour !.... qu'êtes-vous devenus !
Toi que j'ai tant aimée ! ô Berthe ! en ce lieu même,
As-tu pu, sans rougir, ceignant le diadème,
Des meurtriers, sur moi, diriger le poignard !

SCÈNE IV.

BERTHE, ORDAMANT.

BERTHE, sortant du Palais et sans voir Ordamant.

Où porté-je mes pas!....

ORDAMANT, se retirant au fond du Théâtre.

Qui s'offre à mon regard!
Dieu! son aspect! ses traits!.... c'est elle.

BERTHE, avec égarement.

O jour d'alarmes!
J'entends de tous côtés le tumulte des armes.
L'ennemi, vers ces murs, s'avance furieux.
Fuyons. Pas un Français ne se montre à mes yeux.
Que me prépare encor l'horrible destinée!
(Jetant les yeux autour d'elle.)
Où sont nos défenseurs? Quoi! seule!... abandonnée!
O mon fils! mon Osvin! qu'auront-ils fait de toi!
Et ce monstre! et Robert!....

ORDAMANT, se montrant.

Est ici.

BERTHE, épouvantée.

Devant moi!
Dieu! le bourreau des miens!

ORDAMANT.

Épouse parricide!
Qu'a donc d'affreux pour toi l'aspect de l'homicide!
Ton poignard, sans pitié, s'est bien levé sur moi.
J'imitai tes fureurs.... Je suis digne de toi.

BERTHE, tombant accablée sur la pierre d'un monument.

Je me meurs.

ORDAMANT.

Ah! pourquoi le ciel te fit-il naître!
Sur ces bords malheureux, sans toi, serais-je un traître!
Berthe, tu fus à moi, vois ce temple sacré:
Le remords dans ton cœur n'est-il jamais entré?
Tu ne fus point épouse et ne pus être mère.
On condamnait son fils, et Berthe osait se taire!
Ce fils troublait ta vie.... Eh! quelque autre assassin,
Comme il frappa Robert eût pu frapper Osvin.
Tu payas cher le trône!

BERTHE, rassemblant ses forces et se levant.

En cette sombre enceinte,
Quelques momens encore et ma vie est éteinte!
Robert! prête à paraître aux pieds du Tout-Puissant,
Je le jure!.... ma main n'a point versé ton sang.

ORDAMANT.

Tu serais sans reproche!.... ô supplice! ô furie!
Si vraiment tu l'étais.... plus d'excuse à ma vie.

Mais non : tu n'as pu l'être en trahissant ta foi,
Berthe ! épouse barbare ! oh ! prends pitié de moi !
Tu ne l'es point! réponds !... vois l'horreur qui m'accable.
Je te pardonne tout, mais dis : « *Je suis coupable.* »

BERTHE.

Coupable !.... Malheureux ! rappelle-toi ces temps
Où du plus tendre amour tu reçus les sermens.
Si j'eusse désiré la pourpre souveraine,
Promise à Carloman, je pouvais être reine.
Le prince alors m'offrait et sa main et sa foi;
Me vis-tu balancer entre le trône et toi !
Non, toi seul de mon sort fus l'arbitre suprême.
Je te sacrifiai gloire, honneur, diadème.
De ses vertus en vain mon cœur s'était armé,
Je fus coupable, oui, mais d'avoir trop aimé.
★ Fière de ton amour, fière de ton génie,
★ Je plaçais en toi seul tous les biens de la vie,
★ Je m'élançais vers toi comme on vole au bonheur.
★ Robert, je t'adorais..... Pardonne ! Dieu vengeur !
★ Il était vertueux alors.

ORDAMANT.

★ Affreuse image !
★ Non, le crime jamais n'eut ce touchant langage,
★ C'est l'accent des vertus. Dieu ! Berthe, en ces momens,
★ S'offre à moi comme aux jours de nos premiers sermens !

* Je la revois.... c'est elle!.... ô céleste vengeance!
* Le crime se souvient des jours de l'innocence.
* « *J'étais aimé.* »

BERTHE, avec énergie.

* Barbare! en ce funeste jour,
* A Berthe oses-tu bien parler encor d'amour!
* Guerrier traître à l'honneur, teint du sang de nos braves,
* Fuis! tu n'es plus pour moi qu'un chef de Scandinaves!
* Bourreau de ma famille, assassin de ton roi,
* Sans horreur, s'il se peut, seul interroge-toi!
Inexorable époux! ton amour m'a perdue.
Transfuge sanguinaire! ôte-toi de ma vue!

ORDAMANT accablé, d'une voix sourde.

Oui, ta fureur est juste..... Adieu.

(Il va pour sortir.)

BERTHE.

(Il s'arrête.)

Robert!.... ton fils?....

ORDAMANT.

Il est libre, il combat, il sauve son pays.

BERTHE.

Osvin n'est plus aux fers! Et de la forteresse
Qui l'a donc tiré?

ORDAMANT.

Moi.

BERTHE.

Pour défendre ?.....

ORDAMANT.

Lutèce.

BERTHE.

Et tu le combattrais ?

ORDAMANT.

Suis-je au milieu des miens ?

BERTHE.

Le croirai-je ! est-il vrai ! Robert a fui les siens ?
Tu reviens à l'honneur ?.....

ORDAMANT, d'un air sombre.

Je trahis la Neustrie.

BERTHE.

Quoi ! c'est le repentir !

ORDAMANT.

Non ; c'est la perfidie.
Tel est mon sort affreux : trahir, toujours trahir :
Entré dans les forfaits, on n'en peut plus sortir.
Adieu, Berthe !

BERTHE, l'arrêtant.

Où vas-tu ?

ORDAMANT.

Je vais mourir.

BERTHE.

Arrête!

ORDAMANT, revenant sur ses pas.

Eh quoi! tu me plaindrais! quoi! mon sort t'inquiète?

BERTHE.

Non : ton poignard sanglant....

ORDAMANT.

N'immola point Thierri.

BERTHE.

Cette nuit....

ORDAMANT.

Sous mes coups le roi n'a point péri.

BERTHE.

Les Normands par ton ordre ont frappé la victime.

ORDAMANT.

Non. Un meurtre ordonné ne fut jamais mon crime.
Tes frères aux combats périrent de ma main,
Mais je fus leur vainqueur et non leur assassin.
Carloman massacré cherche un vengeur encore:
Quel fut son meurtrier?.... moi-même je l'ignore.
Ah! je n'en suis pas moins un mortel odieux;
Je n'attends nul pardon, des hommes ni des cieux.
J'ai trahi mes sermens, j'ai trahi ma patrie.
J'ai ravagé la France.... il est temps que je fuie.

Je pars.... et sans presser ta main contre mon cœur.

(Il fait quelques pas et revient.)

Mais quoi! nulle pitié pour l'excès du malheur!
Berthe! peux-tu d'Osvin ne pas plaindre le père!
Le coupable, à tes pieds, prêt à fuir cette terre,
Sous le poids du remords vient tomber abattu.

(Se jetant à genoux.)

Songe que ce coupable a connu la vertu!
Que l'excès de l'amour l'a seul conduit aux crimes!
Qu'il fut plus malheureux que ses propres victimes!
Pardonne, avant qu'il meure, à l'époux repentant.
S'il te fut jamais cher, pardonne!....

BERTHE.

Dieu puissant!
Toi qui vois ses remords! toi qui vois sa souffrance!
Puis-je pardonner?

ORDAMANT.

Dieu défend-il la clémence!
Ah! d'un mot à jamais décide de mon sort.
Ou vengeance ou pitié!... le pardon ou la mort!

BERTHE, avec une sorte d'inspiration.

A quel transport nouveau mon âme s'abandonne!....
Lève-toi!

ORDAMANT.

Non.

BERTHE, d'un ton solennel.

.... Robert.... lève-toi.... je pardonne.

ORDAMANT, les mains levées au ciel.

Comme elle, ô Dieu clément, pardonne aussi !

BERTHE.

Quels cris !

Fuis ces lieux !

ORDAMANT, avec douleur.

Te quitter !

BERTHE.

Il le faut.

ORDAMANT.

J'obéis.

(Il entre dans la chapelle.)

BERTHE.

Vous, Udarin !.... Odon... ?

SCÈNE V.

BERTHE, UDARIN, GARDES.

UDARIN.

Au Seigneur rendez grâces !

La victoire en tous lieux a marché sur ses traces.

Déjà les Neustriens, sous nos murs introduits,
Par la flamme et le fer épouvantaient Paris.
Comme tombaient jadis sous leurs armes fatales,
De l'aqueduc romain les arches triomphales;
Tels en débris fumans s'écroulaient à nos yeux....
Nos monumens brisés, et nos temples en feux.
Des Thermes le palais était réduit en cendre.
Nos bataillons cernés, fuyaient près de se rendre.
O terreur!.... l'ennemi, par sa rage emporté,
Soudain pour s'emparer des tours de la cité,
Égorge devant nous les cohortes entières
Des chevaliers captifs ravis à nos bannières,
Jette au fond des fossés ces victimes du sort,
Et sur un pont sanglant s'élance vers le fort.
La nuit, la trahison, le crime, l'incendie,
Tout des Normands vainqueurs seconde la furie.
C'était fait de Lutèce!.... ô reine! Odon paraît.
Le sort change aussitôt, l'espérance renaît,
Et la gloire, un instant à nos drapeaux ravie,
Revient parmi les preux et rentre en sa patrie.
* Dans les camps, hors des murs, dans les tours, sous les fort
* Le sol ensanglanté s'offre jonché de morts.
* Partout est le combat, partout est le ravage:
* Au dehors, au dedans, tout est champ de carnage.
* L'invulnérable Odon ralliant les Français,
* Étoile du salut est le dieu des succès.

* Devant son fer vengeur ont fui les Scandinaves.
* Vers la Seine à grands cris les poursuivent nos braves;
* Le Normand dans les flots cherche un dernier abri:
* Mais rien ne peut aux Francs dérober l'ennemi.
* Odon, suivi des siens, au sein des eaux se jette;
* Il dispute sa proie au fleuve qui l'arrête.
* Le flot sanglant frémit. Nos guerriers foudroyans
* Embrasent les vaisseaux des ennemis fuyans.
* La flamme, vers le ciel, monte en colonne épaisse.
* Le vent mugit, l'air tonne; et les fils de Lutèce
* Vainqueurs traversant l'onde, armés sortant des feux,
* Semblent les dieux du fleuve, ou les soldats des cieux.

BERTHE.

* (1) O prodiges de gloire! ô victoire inouïe!
* Le comte de Poitiers....

UDARIN.

* Intrépide génie,
* Le premier des soldats, s'il ne l'est des mortels:
* Osvin s'est couronné de lauriers immortels.
En héros au combat on l'a vu reparaître,
Aussi vaillant qu'Odon, plus grand encor peut-être.

---

(1) Au Théâtre:

» O triomphe éclatant! le comte de Poitiers,
» Osvin s'est en tous lieux couronné de lauriers.

BERTHE.

Udarin, et quels chefs ont péri parmi vous ?

UDARIN.

Rien qu'un seul : Théobal. Percé de mille coups,
Il est tombé sans vie auprès du temple auguste
Où dorment ses aïeux !.... le Tout-Puissant est juste.

BERTHE.

Le comte de Paris !....

SCÈNE VI.

BERTHE, UDARIN, ODON, GARDES, PEUPLE, etc.

BERTHE, courant à lui.

Héros libérateur !
(Reculant effrayée.)
C'est à vous.... Mais que vois-je ! accablé de douleur,
Vous détournez de moi vos yeux baignés de larmes:
Quoi ! Lutèce !....

ODON.

La gloire est rendue à nos armes.
* Ah ! lorsque les revers accablèrent nos preux,
* L'univers admira le Français malheureux ;
* L'infortune a passé : notre heureux territoire
* A toujours des héros, un trône et la victoire.

Reprends, noble Paris, ton rang et ta splendeur !
Ta sublime constance a vaincu le malheur.
Maintenant, et toujours sois la ville immortelle !
Reine ! un succès brillant a couronné mon zèle.
Et pourtant la douleur accable mes esprits !...

BERTHE.

Que vais-je apprendre !

ODON.

Osvin, mon élève, mon fils....

BERTHE.

Eh bien !

ODON.

A son arrêt ne devait point survivre.
Peut-être, en ce moment, il a cessé de vivre.

BERTHE.

O ciel ! Osvin n'est plus !....

ODON.

Je ne sais quels guerriers
Avaient brisé les fers du comte de Poitiers ;
* Mais soudain dans nos rangs on le voit reparaître.
* Ralliant nos soldats et leur parlant en maître,
* De feu dans les dangers, et froid devant la mort,
* Le premier, des combats, il vient changer le sort.
Tout fuyait devant lui, lorsqu'aux bords de la Seine
Un javelot le frappe.... il tombe.

SCÈNE VII ET DERNIÈRE.

BERTHE, UDARIN, ODON, OSVIN, porté sur une litière, GARDES, PEUPLE, etc.

BERTHE, courant à lui.

Osvin!

OSVIN.

O reine!
Mon arrêt....

BERTHE.

Nul soupçon ne pèse plus sur toi.

ORDAMANT, sortant de la chapelle et sur le perron.

Non. Le traître se livre.

ODON.

Et quel est-il?

ORDAMANT.

C'est moi.

BERTHE.

Robert!

ORDAMANT.

Non. Ordamant.

ODON.

Qui? lui!

BERTHE accablée.

Que viens-tu faire!

ORDAMANT.

Accomplir mes destins, achever ma carrière.

ODON.

Oui, c'est bien lui!... Perfide! à nos yeux, dévoilé,
Quoi! tu ne trembles pas!...

ORDAMANT.

Je n'ai jamais tremblé.
Je viens justifier.... Osvin.

ODON.

Toi!

ORDAMANT.

Ma furie
De votre roi peut-être eût respecté la vie:
Il fut frappé : ce crime est l'ouvrage des miens.
Qu'il retombe sur moi! je l'accepte.

ODON.

Et les tiens!
Ils n'étaient pas Français sans doute!

ORDAMANT.

Écoute encore :
Celui que vous pleurez, que la patrie honore,

Qu'ici de toute erreur le ciel sut préserver,
Que son père adorait et qu'il voulait sauver,
Ce héros est mon fils.

ODON à Osvin.

Ton père ! lui! ce traître !
Tu le savais ?...

OSVIN.

Hélas!...

ORDAMANT.

Tu n'as pu tout connaître.
Ta mère de ton sort partage ici l'horreur.

OSVIN.

Ma mère!...

BERTHE, se jetant sur le lit funèbre.

Est dans tes bras, te presse sur son cœur...
O mon fils!....

Elle s'évanouit.

OSVIN.

Vous! ma mère! à peine je respire.
Dieu! quand je la retrouve, en mes bras elle expire!
* Quel éclair de bonheur, en ces cruels momens!
* Charmez mon lit de mort, derniers embrassemens!
* Berthe!... oh! du moins, avant de fermer ta paupière,
* Tu reconnus ton fils, et j'embrassai ma mère.

(D'une voix éteinte.) (A Odon.)

Je meurs content. Et toi! le meilleur des amis!
Adieu! mon cher Odon!

Il meurt.

ORDAMANT, avec un désespoir sombre.

Il n'est plus, et je vis!

(A Osvin.)

Tu meurs!... et toi, qui seul m'attachais à la terre!
Osvin! dans tes adieux, pas un mot pour ton père!
O Berthe! en vain ton cœur vers moi fut ramené,
Pas un regard d'Osvin!... Dieu n'a point pardonné.

ODON, sortant de son accablement.

Robert!

ORDAMANT à Odon.

Tu vas régner. La gloire t'environne.
Sans obstacle et de droit ton front ceint la couronne.
Mais je crains peu tes coups et je brave ta loi;
Nul ne peut disposer de mes destins.... que moi.

Il se tue.

FIN.

www.ingramcontent.com/pod-product-compliance
Ingram Content Group UK Ltd.
Pitfield, Milton Keynes, MK11 3LW, UK
UKHW021057260726
13994UKWH00002B/555

9 782329 419428